Sociologie-de-Paris

时尚世界

[法]
米歇尔·平松
(Michel Pinçon)
　　　　著
莫妮克·平松-夏洛
(Monique Pinçon-Charlot)

李如拭 ———————— 译

ZHEJIANG UNIVERSITY PRESS
浙江大学出版社
·杭州·

图书在版编目（CIP）数据

巴黎的世界/ (法) 米歇尔·平松, (法) 莫妮克·
平松-夏洛著；李如拭译. -- 杭州：浙江大学出版社，
2024.6. -- ISBN 978-7-308-25087-0

Ⅰ. D756.58

中国国家版本馆CIP数据核字第2024CJ9941号

Sociologie de Paris

©Editions La Découverte, Paris, 2004, 2014

浙江省版权局著作权合同登记图字：11-2024-136号

巴黎的世界

[法] 米歇尔·平松　莫妮克·平松-夏洛　著　李如拭　译

责任编辑	钱济平	
责任校对	朱卓娜	
装帧设计	项梦怡	
出版发行	浙江大学出版社	
	（杭州天目山路148号　邮政编码：310007）	
	（网址：http://www.zjupress.com）	
排　版	浙江大千时代文化传媒有限公司	
印　刷	杭州钱江彩色印务有限公司	
开　本	880mm×1230mm　1/32	
印　张	6	
字　数	116千	
版 印 次	2024年7月第1版　2024年7月第1次印刷	
书　号	ISBN 978-7-308-25087-0	
定　价	52.00元	

谨以此书献给劳伦斯·梅达尔

正如所有伟大的城市，她由不规则和变化交织而成，由沉默的间隙、川流不息的道路和广阔的脉动节奏组成；事物和事件在这里相互掠过，拒绝步调一致，彼此碰撞；永恒的不和谐，永恒的节奏失衡；总而言之，就像某种沸腾的液体，盛放在由建筑、法律、政令和历史传统构成的坚固容器中。

——罗伯特·穆齐尔《没有个性的人》

致谢

首先，我们非常感谢让-保罗·皮里欧。2003年，在一次书展的谈话中，他提出了创作这本书的想法，并为我们指明了方向。然而，他突然离世，未能看到这本书的出版，我们深表遗憾。

感谢多米尼克·梅利埃，他一直鼓励我们并支持我们进行这次新的尝试。

还要感谢以下几位认真阅读了本书初稿并提出宝贵意见的人：让-巴蒂斯特·瓦坎、马克·埃斯彭达和埃尔莎·马尔塔扬。

非常感谢巴黎城市规划工作室（APUR）的工作人员在版本更新时提供的宝贵帮助，他们是：多米尼克·阿尔巴、奥德里·让-玛丽、伊莎贝尔·克尔利埃，以及研究员让-弗朗索瓦·阿雷纳斯、弗朗索瓦·莫尔特和桑德拉·罗杰。

最后，我们要感谢贝阿特丽斯·德·安迪亚、蒂埃里·帕科特和帕特里斯·图尔内，感谢他们允许我们引用他们负责的书籍和期刊上的文章新版本。

前言

巴黎，这座充满魅力的首都，在其仅仅 87 平方公里的椭圆形主城区，汇集了各方权要显赫之士。然而，工薪阶层却难以进入这个城市的行政边界，被迫偏居环城大道之外。这种地理空间上的分隔，伴随着巴黎日益显著的中产阶级化进程，使得社会排斥愈演愈烈。尽管让整个法兰西岛（即大巴黎都市圈）的居民都挤入这座小巴黎并不现实，但这并不意味着巴黎只属于富人阶层。因此，社会混合成为我们探讨巴黎社会学的核心议题。

巴黎这座城市呈现出的，实则是多样且错综复杂的面貌，对于不熟悉的读者或游客而言，或许会感到杂乱无章。要理解这座特殊城市的社会、经济和政治问题，空间地标和统计数据至关重要。我们能否在这个看似混乱的马赛克拼图中找到秩序之脉络？也许，我们需要追溯巴黎是如何在一圈圈外扩的城墙之内逐渐形成的，如何在几个世纪间，形成了左岸和右岸、东区和西区之间鲜明而深刻的对立。

为什么巴黎会中产阶级化？答案显而易见，财富和资源汇聚之地总是吸引着雄心勃勃之人和才华横溢之士。而巴黎恰好是政治、文化、艺术、经济和商业中心，集聚了无数的权力和资源，是各类人才追逐梦想的理想之地。

既然工人阶级在巴黎的社会构成中日渐稀少，我们不禁思考，2001 年左翼何以登上巴黎市政府的执政之座？在 2014 年的选举中，社会党的安娜·伊达尔戈以 53% 的选票成功当选，成为巴黎历史上首位女性市长，而右翼候选人仅获得 44% 的选票，这又是何解？曾经，巴黎所有选区皆为右翼选民的天下，但随着时光推移，大多数选民逐渐倾向于支持左翼。通过深入研究选民行为，或许我们可以揭示这一从右翼转向左翼的投票悖论。

在此背景下，政治家、高级官员和知识分子所推崇的社会混合又如何实现呢？我们将从不同社会群体的居住行为入手，审视这一共识观念。尽管不断受到蚕食，但社会混合在这座城市仍然是一种现实存在，因为巴黎同时存在着滔天的财富和深不见底的贫困。这座城市依然吸引着源源不断的移民，过去是来自外省，如今则来自越来越遥远的地方。这里是群雄竞逐的名利欢场，也是底层人挣扎求生的悲惨世界。鉴于巨大的不平等的现实，我们是否应该追求社会阶层的混合？若要坚持某种程度的居住混合，又该在什么水平上实现：是楼梯间、楼栋、街区，还是整个城市，甚至是整个都市圈？

归根结底，巴黎城区自然是富人家庭的聚集地，而郊区主要是工薪阶层的生活场所，有时甚至是苟延残喘之地。这两个区域实体如何在一个看似割裂的都市圈中协同互动，尤其当城市核心与其周边区域相距甚远时？在最后一章里，我们将对这种二元对立所带来的困境做个总结，这种对立深刻地影响着人们的思维方式。

城市是建筑物、城市形态、制度和规则这些客观化的社会实在，与居民身上内化的社会之间不断相互作用的产物。无论是社会学构成、选民行为还是与郊区的关系，巴黎的生活都是这两种社会形式之间动态交互的结果，而城市中的分界线则是社会分歧的一种显化。

《巴黎的世界》的成书首先得益于两位作者的孜孜不倦，同时借鉴了来自多方的研究成果，包括法国国家统计和经济研究所（INSEE）的统计学家、巴黎城市规划工作室（APUR）的研究人员提供的数据与解答，以及众多关于巴黎的著作。参考书目中详列了所有直接引用和间接引用的著作和文章，虽然无法穷尽，但对相关研究进行了广泛而精练的总结。

目录

第三章　巴黎是一座都城

第四章　巴黎的"中产阶级化"和去无产阶级化

第五章　巴黎，资产阶级之城还是左翼之城
——首都选举的悖论

第六章　社会混合的挑战

第七章　巴黎与郊区的一体化

结语

第一章

阅读巴黎

伦敦内城的面积为 321 平方公里,马德里版图达 607 平方公里,莫斯科更是纵横 879 平方公里。相比之下,巴黎的确是一个小城市,方圆不过 87 平方公里,即使算上布洛涅森林和文森森林,也只勉强可及 105 平方公里,着实令人为之一叹的小巧。

然而,巴黎的居住密度却居高不下。2009 年,每平方公里竟容纳了 21200 名居民,若剔除郊外的森林面积,这一数字更是高达 25700 人。事实上,巴黎的人口已经有所减少,上述两个数值在 1954 年曾分别为 27100 人和 32800 人。相较之下,1982 年时伦敦每平方公里的居民不足 8000 人,莫斯科亦不及 10000 人。这种居住的密集度,唯有一些非洲和亚洲城市才能出其右。

巴黎的独特之处,并非仅仅体现在其居住密度的数字上,更在于其最繁华稠密的街区皆聚集在这个都市圈的中心地带。不同于伦敦、东京或莫斯科等城市,那里的居民均匀分布如漫天繁星;巴黎的居民则汇聚如一片银河,只在其郊区市镇呈现出更为分散的居住格局。就像在纽约,曼哈顿区以每平方公里 24200 人的高密度居住环境,呈现出类似的图景。尤其是,在大巴黎这个都市圈里,人口最为密集的区域恰好与城市的行政边界重叠,这无疑强化了巴黎城区和郊区之间的分野,也深刻影响着人们对首都的观感:在这个总人口已超过 1200 万人的大巴黎都市圈,居于内圈的巴黎城区俨然是一个超级中心。〔巴黎城市规划工作室（Jean-Marie，1987）；法国国家统计和经济研究所 2010 年人口普查〕

在社会保障性住房群、体育设施群和环城大道的勾勒下，巴黎城区的边界呈现出清晰的图景，它们占据了拆除梯也尔城墙后腾出的土地。因此，城市的完整性在景观中得到了有力的体现。在这一轮廓内，不同社会阶层、年龄层、职业和种族的人们共处、交织和相遇。社会的藩篱，纵然在城市里投下了阴影，但人与人之间的沟通依旧源源不绝。

那种人山人海的繁盛，甚至有些混乱的氛围，往往掩盖了城市结构的隐约脉络。然而，一些显而易见的地标，已构成巴黎人心中的集体地理图景，仿佛无声的地图，默默指引着每一个巴黎人的脚步。

巴黎的蜗牛式分区

巴黎的 20 个区呈螺旋状排布，宛如一幅映射权力中心的画卷，又似一曲螺旋之音，倾诉着权力的轨迹。沿着这条螺旋路线，可以从第一区一直走到二十区，逐渐远离这座都市的心脏（见图 1-1）。

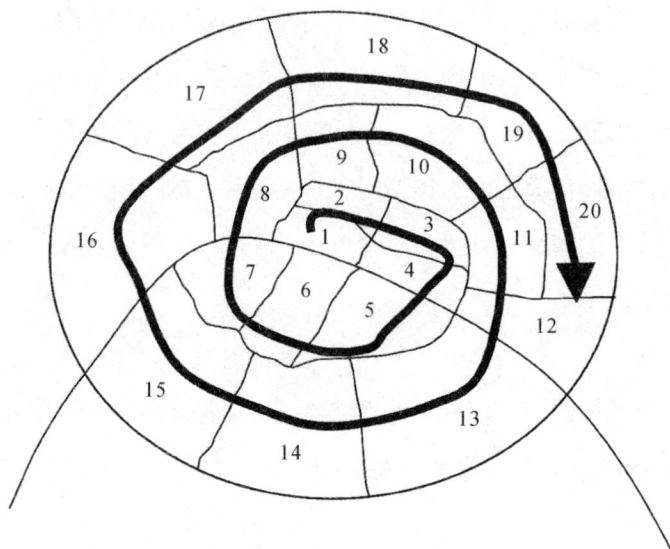

图 1-1 巴黎的蜗牛式分区

我们从右岸的古老中心区启程，踏足第一区的中央市场，从这个历史悠久的市集，漫步到第四区的市政厅，这便是螺旋的第一圈。然后越过塞纳河，经过左岸的索邦大学所在的拉丁区和圣日耳曼德佩区，就走过了第五区和第六区。第七区曾是圣日耳曼郊区，是昔日的边缘之地，自 17 世纪占领蔬菜园地和修道院的土地而来。这个区域最初是为贵族而设的，但在大革命后成为民主的根据地——国民议会和诸多部委均设于此。再次越过塞纳河回到右岸，踏足第

巴黎的世界

八区的圣奥诺雷郊区街和香榭丽舍大街。这是政治权力的所在，拥有总统府和内政部，同时也是商业和金融的核心之地。接下来的第九区，则是巴黎昔日的商业和财富中心。第十区和十一区以前是工人阶级社区和工业区，而今正逐渐演变为中产阶级精英之地。

从十二区到二十区，构成了螺旋的最外圈，这里是城市的边缘区域，由各种档次的居住区组成。从南部的小资产阶级知识分子区域开始，延伸至西部上流社会的高贵社区，最终结束于东北部巴黎最大的社会保障性住房聚集区。

在巴黎这个螺旋状蜗牛壳上，每个区的编号占据其中的一节，喻示着社会环境、标志性建筑以及各自的功能和特色。每位巴黎人都会根据这个区划来构建自己对首都的印象，即使并不熟知任意两区之间的相对位置，他们却深谙每个编号所代表的社会象征意义：居住在第七区，与居住在十九区，其意义截然不同。居住在风景如画的社区抑或熙熙攘攘的社区，早已成为社会身份的象征。商铺亦然，企业亦然——在巴贝斯大道上，难以想象存在一家高级时装店；而在蒙田大街上，又何来清真肉铺的一席之地？①

1905 年，当局推出的建筑编号系统进一步强化了巴黎中心的

---

① 译者注：巴贝斯大道和蒙田大街是巴黎的两条截然不同的街道。巴贝斯大道位于十八区，周围聚集了来自世界各地的移民，以其多元文化和平价商品而闻名；蒙田大街则位于第八区，汇集了众多世界顶级奢侈品牌，是富人和名流购物的聚集地，也是巴黎著名的旅游景点。

象征意义，对于垂直于塞纳河的街道，建筑编号从河岸开始，亦即从城市的心脏向外扩散。社会的层次线叠加在城市的分界线上，犹如一幅精巧的图画，将社会的面貌投射在城市之上。

在巴黎西部，昔日平凡的蔬菜园地被资产阶级打造成宜人的社区。宽阔的林荫路，装饰华丽的楼宇，这些都市景观不仅使主人的地位得到巩固，更是其主导地位的一种物化体现。同样，在巴黎北部和东部边缘地带，那些朴素的出租公寓楼，其未经装饰的外墙、狭小的住所和狭窄的街道，映照出居住者的被支配地位。它们不仅是城市的组成部分，更是社会地位的生动写照。

层次分明的城市结构

在巴黎的城市图谱上，我们可以看到历史的层层印记，那是历朝历代为守卫城市而铸就的一道道防线（见图1-2）。这些城垣的传承，使城市在今天呈现出相对圆润的嵌套形态，而林荫大道则如画龙点睛，勾勒出了这些形态的优美神韵。

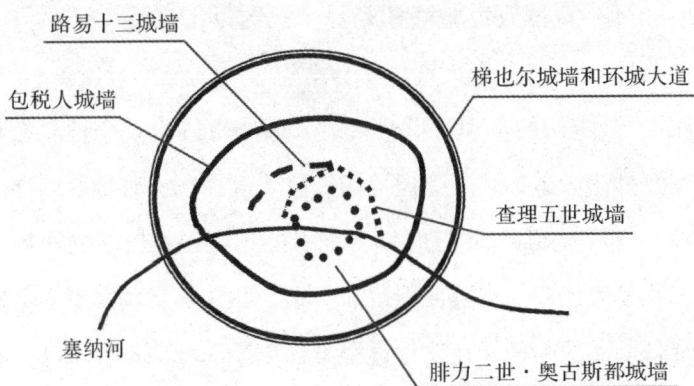

图 1-2 巴黎的城墙

信息来源：Michel Pinçon et Monique Pinçon-Charlot, *Paris mosaïque*, Calmann-lévy, Pairs, 2001.

腓力二世·奥古斯都城墙

腓力二世·奥古斯都城墙建于 1190 — 1213 年，是巴黎最古老的城墙，至今仍有些微遗迹留存。在第六区的马扎林街修建地下停车场时，人们发掘出了一段残垣断壁。位于第二区艾蒂安·马塞尔街的让·桑斯·佩尔塔，曾依靠这座城垣而立。在第五区的克洛维街，仍能见到几块城墙石。

这座城墙自西至东横贯卢浮宫到圣路易岛，从北至南则从雷奥穆尔街一直延伸到卢森堡花园。其独特的心形轮廓，早已暗示了对右岸的轻微偏爱。

查理五世城墙和路易十三时期的城墙

在 15 世纪初的查理五世时代，城垣的轨迹恰是今日北面和东面的宽阔林荫大道，贯穿圣但尼门、巴士底广场，直抵船坞之畔。继而在 17 世纪的路易十三时期，城墙外扩工程将巴黎的边界向西扩展，从圣但尼门一直延伸到协和广场，此处的林荫大道也大致沿袭着昔日城墙的路径。在这个过程中，左岸的城墙边界未动，右岸的面积优势愈发显著。

包税人城墙

这道城墙并非出于军事需要，而是为了财政目的而建。它建于大革命前不久，意在遏制私运，并对进入巴黎的食品、饮料、燃料和建筑材料征收入城税。城墙外设有一条宽 60 米的空地作为巡逻通道，后来在这片空地上修建了所谓的"外环"大道，蜿蜒环绕整个城市一圈，从凯旋门到国家广场，北至克里希广场、贝尔维尔和斯大林格勒战役广场，南至意大利广场和丹费尔·罗什洛广场。直到 1860 年，这条外环大道一直是巴黎的边界，延续着区分城区与郊区的作用。在丹费尔·罗什洛广场、斯大林格勒战役广场、国家广场，还有蒙梭公园北部，建筑师勒杜设计的一些征税城关依然点缀其间。

梯也尔城墙

巴黎目前的边界与梯也尔城墙的轮廓相吻合。该城防设施于1841—1844年围绕着巴黎外围的一圈村镇而建，位于包税人城墙之外1～3公里的地方，囊括了郊区的大片土地，包括梅尼蒙当、巴蒂尼奥勒-蒙梭以及贝尔西等村庄。于是出现了奇怪的景象，这些村庄被夹在了两道城墙之间。

随后在1860年，包税人城墙被拆除，征税点移到了新城墙外围，这片新旧城墙之间的区域被全部纳入了巴黎市区范围（见表1-1）。在梯也尔城墙内侧，1861年开始修建的环城元帅大道，系在原先连接各个堡垒和城门的军事环道上扩建而成，并以第一帝国诸位元帅的名字命名，连通着首都的防御路线。而在梯也尔城墙之外，在巴黎人称之为"禁区"的土地上，由于军事原因不允许建设，于是那里到处遍布着简陋的临建，成为贫困人口的栖身之所，后来在那里建成了环绕整个城区的环城大道。

表 1-1　1860 年兼并的村庄

类型	村名
全部纳入	帕西，欧特伊，巴蒂尼奥勒-蒙梭，蒙马特，拉夏贝尔，维耶特，贝尔维尔，沙隆，贝尔西，沃日拉尔，格勒纳勒
部分纳入	讷伊，克里希，圣旺，奥贝维利耶，庞坦，普雷-圣热尔韦，圣芒代，巴尼奥莱，伊夫里，让蒂伊，蒙鲁日，旺沃，伊西

地铁网络图

巴黎的地铁网络在一定程度上也因循了历代城墙的轨迹。2 号线和 6 号线以戴高乐广场为起点，顺着包税人城墙的脉络，沿着外环大道分别向北和向南延伸，最终抵达国家广场。随着新线路的陆续增加，以及现有线路向远郊延伸，地铁网络乍看之下显得杂乱无章，但如果仔细研究，仍会发现线路布局中的规律性。上述两条环行线再加上另外两条纵横线，构成了巴黎地铁网络的"田"字形骨架。4 号线连接克里尼昂古尔门和奥尔良门，贯穿南北。1 号线起止点分别为拉德芳斯和文森堡，横贯东西。

这张地铁线路图（图 1-3）深植于每位巴黎城区和郊区居民的脑海中。这种记忆源自长期的经验，与家庭生活和工作经历息息相关。经过日复一日的通勤和反复往返的行程，路线和节省时间的诀窍已然内化于心。当谈及熟悉的目的地时，他们内心即刻召唤出对地铁网络的精准了解，然后在脑海中勾勒出这张图谱的神秘轮廓。

巴黎有 300 多个地铁站，通过站名就能联想到它们所在的街区。虽然巴黎人不一定能熟记这个超长的站名列表，但他们掌握了足够多的信息，能够将许多站名与特定的社会环境联系起来。告诉问路人在哪个车站下车，已足以让巴黎人对这个人在社会中的地位略知一二。

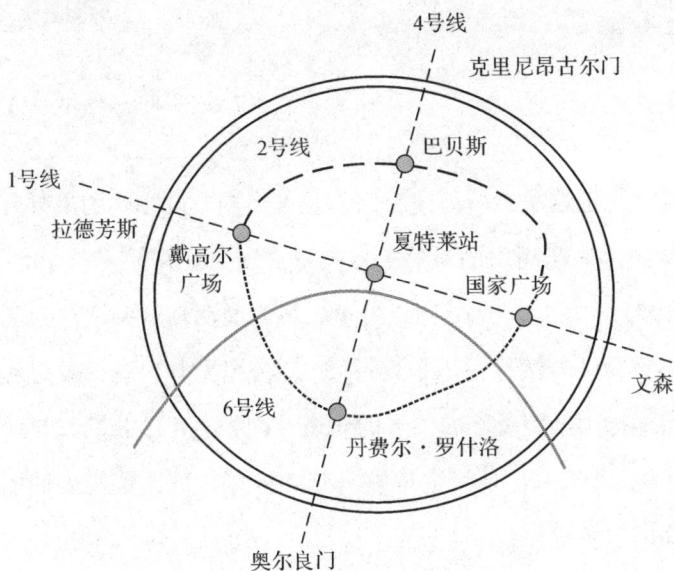

图 1-3　巴黎的主要地铁线路

　　巴黎地铁始建于 1900 年，当时决定将线路终止于城门处并非偶然。这一决策经过深思熟虑，意在阻止部分居民向人口更为稀疏的郊区迁徙，以此保护城内房地产的价值，从而促进市政财政的充盈。

环城大道

环城大道这条绕城高速公路，是这个同心圆结构的最外环，也是巴黎城区这座高山的最后一条"等高线"。它始建于 1963 年，直至 1973 年完工，全长 35.5 公里。每天涌动在这条道路上的车辆不下百万台，若按每辆车平均行驶 7.2 公里来算，总行驶里程竟相当于绕地球 188 圈。环城大道的车道总面积达 138 公顷，是协和广场面积的 20 倍。这是一道难以逾越的屏障，堪比包税人城墙，不逊于梯也尔城墙！

巴黎发源于一个原点，犹如一滴水，在世纪轮回中不断膨胀成越来越大的气泡。在雅各宾派传统依然根深蒂固的法兰西，这座城市的形态深深地根植于都城防御体系，象征着权力的所在。城区与郊区之间的鲜明对立，不容漫步于巴黎街头的人所忽视：城墙虽已荡然无存，但它的影子却历久弥新；社会阶层的分水岭高不可攀，胜似城墙之隔。

环城大道宛如一道视觉与听觉的屏障，所有的繁华与喧嚣到此戛然而止。巴黎城区与郊区之间的对立并非人为构建，而是在多重因素共同作用下自然而然地形成的。这种对立真实存在，亦在房地产价格上展现得淋漓尽致。诚然，城市的核心与外围在某种程度上有所交融，这是因为大多数在巴黎工作的人并非住在巴黎，而是安

巴黎的世界

家于郊区。截至 2010 年，居住在巴黎市的居民仅有 223.4 万人，而整个法兰西岛大区的总人口高达 1222.3 万人，巴黎人仅占其中的 18.3%。相较于 2006 年的 18.9%，这一比例已经略有下降。尽管郊区的人口占据了绝大多数，巴黎依然是这一都市圈的灵魂之所在。

权力轴线

从卢浮宫博物馆拂晓的阶梯，穿过香榭丽舍大街的繁花似锦，经过马约门的古典庄严，仰望拉德芳斯新凯旋门的雄伟轮廓，最终抵达圣日尔曼昂莱森林的幽深之处，沿途俱是一些历史悠久的地标，这条轴线不负其"历史之路"的美名（见图 1-4）。该轴线的构想可以追溯到 1667 年，出自路易十四的首席大臣科尔伯特和园林设计师勒诺特之手。二人设想将杜乐丽花园的透视景致一路向西延伸，一直延伸到"夏佑山"——今日之凯旋门——以及更远的地方。这个构想孕育出茁壮的植被，形成了宽阔的林荫大道，即如今的香榭丽舍大街。继而，一系列规划和工程推陈出新，将这一轴线的辉煌继续向西郊延伸。如同一幅不断展开的史诗画卷，它编织着时光的

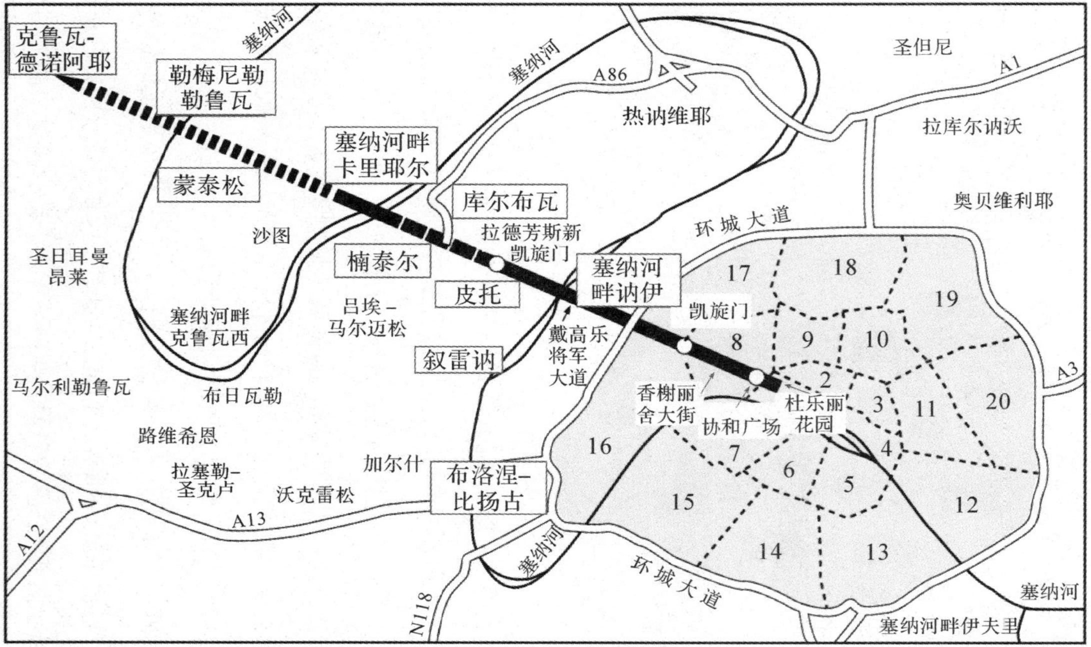

图 1-4 巴黎的权力轴线

巴黎的世界

记忆和美学的憧憬。

而今，这条轴线将爱丽舍宫、国民议会和各大部委所在的政治核心与奢华之区蒙田大街相连，同时也串联起商业之地拉德芳斯。它贯穿市中心最高档的几个区和最富裕的郊区卫星城讷伊，象征着金钱和权力的统一。

这场"西进"之程占领的第一站是肥沃的蔬菜园地，一栋栋豪华宅邸在那里拔地而起，构筑出新的贵族住宅区，为首都最为繁华的地段揭开了序幕。然而，不久之后，这片街区就被企业总部和奢侈品店所淹没，那些尊贵的门牌号成为竞相争夺的对象。随着商业巨头的迁入，房地产价格变得高不可攀，于是富人住宅区顺势向西转移。这股向西的潮流，是商业利益的推动，昔日富豪家族所据有之土地就这样拱手让予资本之家。（Pinçon et Pinçon-Charlot，1992）

而高楼林立的拉德芳斯，这个顶级商业区所在之地曾经是作坊、仓库、竹篱茅舍甚至棚户区的天下。它之所以能够在这片土地上落户，并将那些毫无价值的建筑一扫而空，要归功于政府的干预。更不用说自1935年法国共产党掌握楠泰尔市政府之后，共产主义政治力量在市政建设中发挥了不可忽视的作用。（Pinçon et Pinçon-Charlot，2011，pp. 147-174）

至于马约门，它屹立在曾经的梯也尔城墙、如今的环城大道上，时至今日仍然是巴黎与西郊市镇讷伊——有时被称为巴黎二十一区——之间的分界线。"历史之路"权力轴线凸显了城市向西扩展的趋势，同时与美丽的富人区交相辉映。然而，尽管这权力之轴延伸得如此遥远，公司大楼所在地已经到了库尔布瓦和普特奥的行政管辖范围。如果将讷伊冠名为"巴黎二十一区"，或者将地址标榜为"巴黎－拉德芳斯"，这样一来公司总部似乎仍然位于巴黎的怀抱之中。

这种向西挺进式的城市规划在巴黎形象中扮演着重要角色，形成了东部和西部对称之势，贫穷与富贵犹如镜中之影。

东西之别：穷人区、富人区

巴黎分为美丽如画的西区和普罗大众聚集的东区，而这种贫富布局也延伸到了郊区：有产阶级市镇主要集中在西郊，而工薪阶层聚居区则形成一条从北到南的圆弧，贯穿东部。巴黎不是一座孤岛——它的社会结构延伸到了城墙之外。

巴黎城市规划工作室于 2002 年根据马克·埃斯彭达（Marc Esponda）公布的"中产阶级化比例"绘制的社会阶层空间分布图

显示，在 1999 年，巴黎低收入阶层的空间分布宛如一弯新月（见图 1-5）。中产阶级化比例是通过计算每 10 名雇员和工人对应的高管、企业主和高级知识分子的数量得出的。这些高层职业人士的定义遵循法国国家统计和经济研究所的标准，中层职业人士被忽略，以突显社会上层和下层之间的对比。1999 年，巴黎地区整体的中产阶级化比例为 10.4%，表明富裕阶层与工薪阶层近乎持平。对于每 10 名雇员和工人，管理人员的数量几乎与之相当。在这一年，巴黎的工薪阶层聚居区从十七区东部开始，环绕巴黎的核心地带，

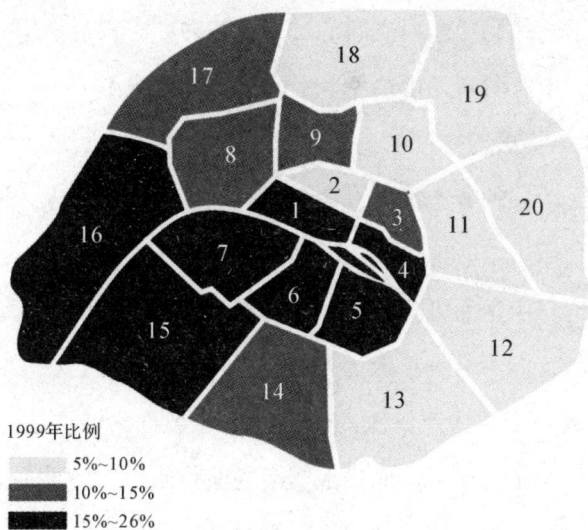

图 1-5 中产阶级化比例：

1999 年每 10 名雇员和工人对应的高管、企业主和高级知识分子的数量

数据来源：APUR, Esponda, 2002.

最后到达十三区画上句号。

然而，自 1999 年以来，巴黎城区的社会构成经历了迅速的演变。到了 2010 年，中产阶级化比例从 10.4% 飙升至 17%。当时，巴黎的劳动人口中有近 60 万人属于较高社会阶层，而雇员和工人仅有 35 万人。与此同时，巴黎的面貌发生了显著变化，仅剩下十九区和二十区成为"班级的"最后两名，未超过 10 名高管、企业主和高级知识分子对应 10 名雇员和工人的比例。相反，第五区和第六区这两块文化宝地，则击败了西部的资产阶级街区，达到了惊人的纪录，即每 10 名雇员和工人就对应 30 ～ 31 名高管、企业主和高级知识分子。如果说东西之间的对立依然存在，很显然平衡已被打破，巴黎的街区图谱无可避免地走向黑暗（见图 1-6）。

而 2013 年第四季度的旧公寓价格分布图，忠实地再现了这座城市的社会阶层的分布情况。最高房价已不再位于富人住宅区，而是位于巴黎历史核心地带。在那里，汇聚了一群高学历、拥有舒适资源、拥抱自由生活方式的人们，他们是信息时代的精英，兼具有产阶级的消费能力与波希米亚人的创意与自由。他们以文化人的身份自居，成为上层中产阶级的代表，通常被称为波波族（bobos，波希米亚式布尔乔亚）。而房地产市场面临的压力，更是这些区域的独特魅力所引发，这些区域不仅吸引了富有的外国人，也吸引了富足的外省人，他们纷至沓来，在这里购置自己"远方的家"（见图 1-7）。

不过，尽管许多街区都在争先恐后地中产阶级化，但无论采用哪种社会等级指标，都能找到工薪阶层的新月形地带。从位于第八区北部与十七区交界处的蒙梭公园，到位于十七区北部的埃皮内特区，不到三公里的距离，跨越半个区，便涵盖了从顶层到底层的整个社会"光谱"，从巨富之邸，直至贫困之所。

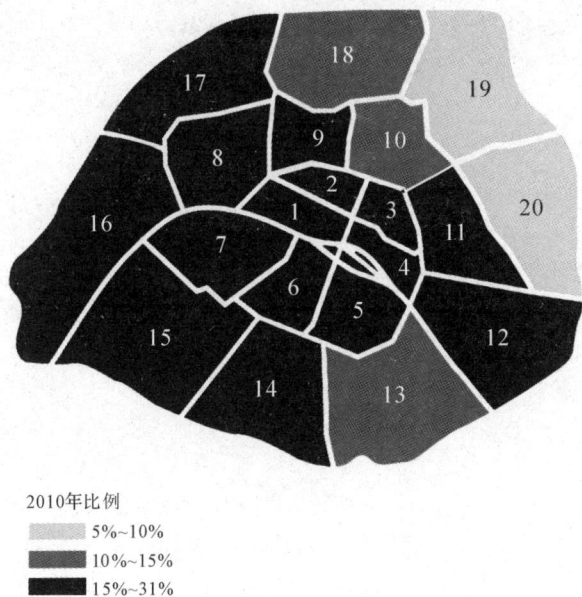

2010年比例
　　 5%~10%
　　 10%~15%
　　 15%~31%

图1-6　中产阶级化比例：
2010 年每 10 名雇员和工人对应的高管、企业主和高级知识分子的数量
数据来源：法国国家统计和经济研究所人口普查。

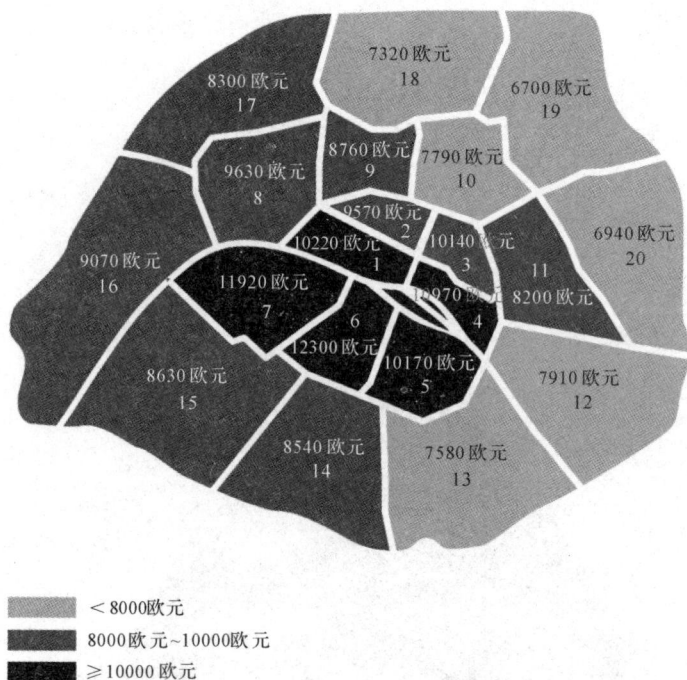

图 1-7　巴黎旧公寓价格（2013 年第四季度每平方米中位价）

数据来源：巴黎大区公证处，不动产数据库。

从蒙梭区到埃皮内特区

　　从蒙梭平原到埃皮内特区，跨越了社会阶层的完整序列，山峰与深渊经由中产阶级的缓坡实现了衔接。然而，这巨大的社会反差，在几街之隔，犹似邻舍相望。社会混合在首都中产阶级化的大潮中

巴黎的世界

逐渐失真，如同海浪涌动，汹涌澎湃，几乎没有一个街区不被裹挟。

自十七区的西南端启程，一路穿越至东北边界，在广袤社会的画卷中缓步前行，我们踏上的不仅是一段历史的足迹，更是一场社会学的探索。从蒙梭公园周边绚丽的富裕之地，蜿蜒穿越至元帅大道的边缘地带，那里遍布的是临街而建的社会保障性住宅［廉租房（HBM），后更名为低租金住宅（HLM）］，点缀在这幅画卷的边边角角。

穿越回到 1860 年，随着包税人城墙的拆除，巴蒂尼奥勒 - 蒙梭村并入巴黎。在当时尚是农田的土地上，伴随奥斯曼大型改造工程催生的房地产热潮，富丽堂皇的建筑在包税人城墙两侧肆无忌惮地蔓延开来。佩雷尔兄弟买下了大片土地，将其转售给实业家和金融巨头，后者很快就积累了可观的财富，可以说如春雷滚滚，蓬勃发展。（Émile Zola，1981）

从蒙梭公园到马尔谢布尔大道，一幢幢华丽的楼宇巍然而立。精雕细琢的外立面、宽敞的门廊、古老的马车门，还有那些尊贵的私人宅邸，无不见证着昔日的辉煌。绿树成荫的大道，仿佛流转的音符，点缀着这幅画卷的神采。路上的行人，通过他们的举止和风仪，无声地宣告着他们属于上流社会的身份。这些优雅的身影与远处那些工薪阶层社区的人形成了鲜明的对比。那些神情委顿的行路人，和他们身上褴褛不堪的衣衫一起，静静地述说着日常生活的艰辛和劳顿。如今，金融业已经在富贵家族的旧址安家落户，美国高盛银行在坦恩街 2 号的一栋大型私人宅邸中,低调而高贵地坐拥办公之地。

在乔治·贝尔热街和卡特鲁将军广场相交之处,矗立着盖亚尔公馆,这是 19 世纪某些家族财富水平的又一个典型代表。这座豪宅的主人是银行家兼收藏家埃米尔·盖亚尔,曾任法兰西银行的董事。1919 年,法兰西银行将此楼收入囊中,并在此设立了一家分行。2014 年,这座建筑因翻修工程而暂时关闭,计划改造成一个"经济与货币城",内设展览厅和图书室。

穿过乔治·贝尔热街,走向勒让德街,我们仿佛跨越了一道时空的门槛,从极其富有的大资产阶级逐步融入较为普通的社会阶层。这种转变如墨笔在画布上轻轻挥洒,街道逐渐狭窄,建筑风格也愈加朴素,手工业庭院开始出现。

沿着勒让德街继续前行,便可抵达圣玛丽 - 巴蒂尼奥勒教堂。每逢周日,这里都会举行葡萄牙语弥撒,可见此地葡萄牙社区的规模之大。社会的鸿沟清晰地划破了十七区的版图,将其分割成南北两半,分界线正是圣拉扎尔站的铁路线。铁路以南,是为大资产阶级家庭服务的家庭雇员的工作之地,其中许多人来自葡萄牙,而他们的居住之地,却在十七区的北部。

克里希大街似乎勾勒出一道新的分野,过了这个路口,工薪阶层氛围逐渐占据主导。这里曾经是一片繁忙的手工业区域,煤气厂、屠宰场和修车行簇拥而立。建筑物早已去除一切装饰性元素,门廊狭窄，窗扉不复有百叶窗遮挡。这些建筑是 19 世纪为工人建造的租赁性公寓楼的典型代表。除此之外，还有一些建在城市边缘地带的低租金住宅，或位于小环线铁路与贝西耶尔元帅大道之间，或位于贝西耶尔元帅大道与环城大道之间。

从蒙梭公园到埃皮内特区，一片完整的社会版图在 2500 米的范围内徐徐展开。根据 2010 年的人口普查，在蒙梭平原街区的常住劳动人口中，75% 为手艺人、高管、企业主、高级知识分子以及中层职业人士，而剩下的 25% 为雇员和工人。到了埃皮内特区，上述比例则变为 64% 和 36%。选举结果无疑映照出这种社会层级的分野，蒙梭平原街区明显地倾向于右翼。2014 年，市政选举的第一轮中，人民运动联盟候选人在蒙梭区赢得了超过 65% 的选票；而在埃皮内特区，仅得到 35% 的选民支持。我们可以想象，随着勒让德街以西的克里希 - 巴蒂尼奥勒区的全面改造，十七区这一片地域的社会格局必将发生改变。10 公顷的土地将被打造成美轮美奂且趣味十足的马丁·路德·金公园，著名建筑师伦佐·皮亚诺倾情设计的新司法大楼即将落成，再加上 14 号地铁线向北延伸，这些都将成为这一变革的推动力，促使这个工人街区逐渐走向中产阶级化。

巴黎各街区之间的这种社会不对称现象由来已久。在第二帝国时期，奥斯曼男爵通过巴黎改造工程，将穷人从权力所在之地驱逐而出，使首都的这种社会空间分异根深蒂固。（Marchand，1993， pp. 88-92）

根据马克·埃斯彭达的计算（巴黎城市规划工作室，2002），
1999 年，在近郊省份（上塞纳省、塞纳 - 圣但尼省和瓦尔德马恩
省），每 10 个雇员和工人岗位对应有 4.4 个管理人员岗位。然而
到了 2010 年，人口普查显示这片郊区的管理人员数量不足 65 万人，
而雇员和工人的数量则超过了 100 万人，也就是说，每 10 名雇员
和工人仅对应 1.7 名上层职业人士。在巴黎城区日益中产阶级化的
同时，其郊区却渐成无产者的聚居之所。城市的空间隔离比以往任
何时候都更加突显。

右岸—左岸：从商业到文化

塞纳河以北矗立着旧证券交易所，而南岸（即左岸）则坐落着
索邦大学，这是右岸与左岸的鲜明对照。河流的两侧承载着城市
的不同命运，一侧是商业的繁华，另一侧则是文化的殿堂。右岸
的 14 个区占据了巴黎城市总面积的 2/3，涵盖了 57 平方公里（不
计入森林面积），而左岸的 6 个区则占据了余下的 1/3，仅有 30 平

方公里。可以说，巴黎是一个以右岸为主导的城市。这种历史铸就的不平衡可以追溯到遥远的过去，从城墙的设计蓝图上就可以看出一二。

对于巴黎的居民而言，右岸与左岸的对立犹如一枚指南针，然而在这种对立中却蕴含着千姿百态的细节。众所周知，塞纳河南岸是大学的天下，那里除了索邦大学的桑西尔、尤西厄、托尔比亚克这几个主要校区，还有诸多重量级的高等学府，从路桥学院到高等师范学校，再到政治学院，应有尽有。不过，右岸同样拥有巴黎多菲纳大学。电影业的主要聚集地在右岸，尤其是第八区的香榭丽舍大街，那里是制片公司和私人影院的天堂。《巴黎眼界》（*Pariscope*）周刊编录的 168 家电影院中，有 141 家位于右岸，占比达 84%。尽管左岸有较多的出版社，但右岸也不乏茱莉亚出版社、罗伯特-拉丰出版社和塞格斯出版社。曾经，新闻界最热衷的街区距离证券交易所仅一箭之遥，而如今法新社（Agence France-Presse，AFP）总部仍然坐落在那里。

"右岸—左岸"之间的对立关系亦随着时间而有所演变。在左岸的蒙帕纳斯和圣日耳曼德佩区登场之前，也曾有右岸的蒙马特高地和"洗衣船之家"的辉煌时刻。当时正值 20 世纪初，毕加索（Pablo Picasso）、安德烈·德兰（Andre Derain）、凡·东根（Van Dongen）、乔治·布拉克（Georges Braque）、胡安·格里斯（Juan Gris）、弗朗索瓦·维永（François Villon）、奥古斯特·赫宾（Auguste

Herbin）等艺术巨匠齐聚于此，绘就了野兽派、立体主义、抽象艺术等创新篇章（Crespelle，1978，p. 7）。时至今日，右岸东部已经成为新一代艺术工作室的根据地，这些工作室在开放日活动中吸引了众多好奇者和艺术爱好者。在多梅斯尼尔大街和伏尔泰大道之间的圣安托万郊区，由"巴士底守护神"协会和"巴士底艺术家"协会组织的开放日活动，云集了约 120 名年轻艺术家。可以说，随着时光的流转，当代艺术的脉络也在不断迁徙。

此外，左岸也有一些街区，居住的更多是有产阶级人士，年轻艺术家则身影寥寥。

不断变迁的巴黎

漫步于巴黎的街头巷尾，仿佛穿越时空之隧道。玛黑区那些私人宅邸，在 17 世纪属于贵族阶级，后来入驻了辛勤劳作的工匠与工人，将他们的足迹编织入历史的画卷。如今，这些建筑已重现光彩，有一些宅邸成了博物馆，另外一些则成为富人的居所。城市的脉络渐次重塑，如同时间的织锦，展现出巴黎的无穷变幻。

近年来，在巴士底广场的另一侧不远处，曾经的木器雕刻工坊，以及作坊主和工匠的住所逐渐被遗弃。巴黎东部的工人阶级住宅与如今的新兴中产阶级格格不入，曾经的工业和手工业建筑，无法与新居民的经济实力和生活方式相匹配。那些年轻的高管、教师、科

巴黎的世界

技从业者以及媒体人，竟以娴熟的手笔，将这个街区重新打造成一片"时尚之地"。他们居住在圣安托万郊区那些鹅卵石铺就的古老庭院里，墙上依然爬满了生机盎然的常春藤。不同的是，在原来木工台的位置，停放着高座的荷兰自行车，搭载着柳条编织的篮子。作坊变成了通透的阁楼，面包房和杂货店则变身为咖啡馆和餐厅。置身其中，仿佛置身于一个生态博物馆，锉刀、锤子和刨子安放在墙上，展示着工人阶级辛勤劳动的记忆。这些已逝时光的痕迹与五花八门的古董家具相映成趣，仿佛是从城市清洁部门弃置的物品中寻获的。这种重新拥有过去的尝试，是对历史的致敬，也是以平凡之物创造卓越之美的一种方式。

于是，我们看到新一代的年轻毕业生与昔日那些身穿蓝色制服的工人，他们的身影在这个空间里彼此交叠。在外形装扮和举手投足之间，他们又如此不同。这些后来者身着黑衣，发型短促挺立，不管天气如何，他们总戴着墨镜，自有一番时尚之态。

在拉丁区的圣米歇尔大道上，我们还可以看到城市生活错位和变迁的其他例子。随着道路改造成林荫大道，年轻人口源源不断地涌入，虽不全是学生，却吸引了众多时尚店铺入驻，从而削弱了书店的存在感，昔日伴随学生时代的城市元素也在渐行渐远。

相距不远的圣日耳曼德佩区迎来了奢华的浪潮，也是在时尚服饰领域，不过更为高端和精致。奢侈品牌纷纷入驻，迪奥的光芒已盖过了伽利玛出版社的书店，卡地亚珠宝则取代了拉乌尔·维达尔

（Raoul Vidal）的唱片。奢靡之风一点一点地蚕食着曾经属于存在主义的土地。

作为上流社会的聚居之地，十五区和第七区各有千秋，前者年轻而时尚，与时俱进；后者则传承着传统的贵族气息，沉稳而典雅。

铁打的建筑，流动的人口

变化即永恒，城市的今天正是不断变化的结晶。文化创意之地不断迁移，竟是为其盛名所累。这些地方一旦成为趋之若鹜之地，房价必然水涨船高，于是后起之秀不得不另觅他所。房地产价格的飙升并非偶然，强劲的需求是其助推力。这导致几乎所有的街区都在向中产阶级化方向迈进，哪怕是那些看似不太可能的角落，如古特多尔。

然而，必须明晰字义：这些"中产阶级"，通常被称为"波希米亚式布尔乔亚"（一种现代的、多元的、既有经济实力又有精神追求的生活方式，它体现了现代人对于自由、个性和品质生活的向往），这两个貌似对立的词汇在这里奇妙地融为一体，尽管不太符合传统。因为这些人并非来自古老的世家，也没有巨额的个人财富。他们毕业后进入职场，成为高薪人士、自营职业者或小企业主，从事通信、新技术或艺术创作工作。他们收入可观，足以在这座已超过 1200 万人口的都市圈的核心地带生活和工作。虽然说巴黎的变迁永无止境，但社会客观化的形态改变总是稍显滞后，新生力量正在不断地闯入这些目标社区，重新书写它们的命运。

相较于那些凝固在建筑结构中的城市轮廓，城市的使用方式变幻莫测且更为迅猛。这种错位形成了频繁而激烈的反差。而巴黎，因其无尽的吸引力，不仅在不断塑造着人口结构，同时还保留了那些沉淀的建筑和城市记忆。

第二章

巴黎的吸引力

巴黎，这个政治权力的聚合地，承载着大量的人口和丰富的文化遗产，构成了法国财富和潜能至关重要的组成部分。在全球范围内，鲜有城市像巴黎一样，在如此有限的空间内集结了如此丰富的社会价值、物质财富和象征性财富。这些价值渗透于人们的思想和行动中，这些财富则交织于街道、建筑、纪念碑和博物馆之间。这种汇聚是过去两个世纪的历史铸就的产物。在这两个世纪中，巴黎的人口增长速度远远超过了外省，首都吸引了外省人，然后又吸引了来自更遥远国度的移民。然而，这种集聚也孕育出了时而尖锐的差异，时而激烈的对比，因为巴黎总是以其独特的魅力将不同的社会元素吸引至此，却总是在时间上稍显滞后，无法即时应对社会的变迁。这种不协调或许是外省人对于资源和基础设施分配的不满，也可能是对自大的巴黎主义的反感。

巴黎的世界

奔腾不息的人口，起起伏伏的节奏

　　1801 年的人口普查显示，巴黎拥有 55 万名居民；而到了 1856 年，这一数字已跃升至 117.4 万人。在短短的半个世纪里，人口竟然翻了一番。1860 年对周边村落的兼并，使巴黎的居民数量一下子增加了 50 万人，于是在 1861 年，巴黎人口达到了 169.6 万人。当时间的车轮驶入 1921 年，巴黎迎来了人口的巅峰，接近 300 万人，具体数字是 290 万人。随后的几十年，人口趋于稳定，一直到 1954 年，当时巴黎的人口为 285 万人。自此之后，巴黎的人口开始下降：1954—1999 年，巴黎失去了 72.5 万名居民，几乎相当于其总人口的 1/4，即每四位巴黎人中就少了一位。到了 1999 年，居民数量仅剩 212.5 万人，但这个数字仍接近 1801 年人口的 4 倍。不过，自那之后，巴黎人口再度趋稳，并重新踏上增长之路。根据法国国家统计和经济研究所的普查数据，到了 2010 年，巴黎的居民数量已升至 224.4 万人，这意味着 1999 年以来，平均每年增加 10800 人。

　　自 19 世纪初以来，法国人口数量从 2930 万人增长到 2010 年的 6460 万人。换句话说，法国的人口翻了一番，但同期巴黎的人口却翻了两番。而如果比较整个巴黎大区的增长情况，这种人口变化的不均衡性更加显著。1801 年，后来划入法兰西岛大区（亦称巴黎大区）的各省人口为 135.3 万人。到 1999 年，这一数字上升到了 1095 万人，到 2010 年则超过了 1200 万人。在两个世纪的时间里，法兰西岛大区的人口增长了足足 9 倍。虽然最近几年人口增长的速度有所减缓，但仍然相当于法国整体的增长速度（见图 2-1）。

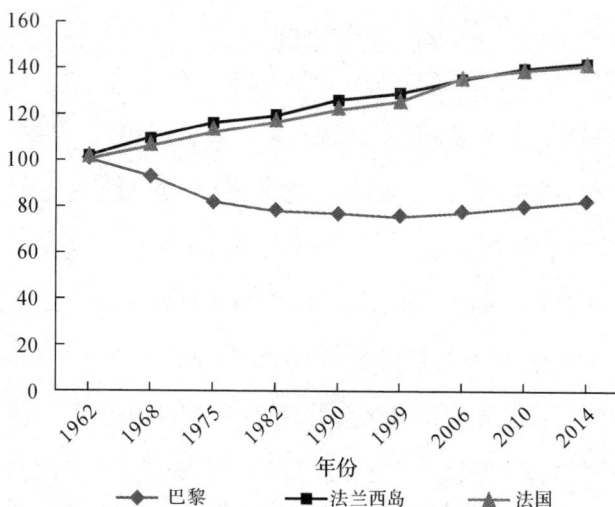

说明：以1962年为基准年，基数设为100。

图 2-1　法兰西岛、法国本土全境和巴黎的人口变迁（1962—2014 年）
数据来源：法国国家统计和经济研究所人口普查。

郊区人口的持续膨胀反映了首都的吸引力。这与 1954—1999 年巴黎城区人口的减少似乎有些矛盾：一个具备如此吸引力的城市，为何会出现人口减少的情况？这一现象可以从巴黎的中产阶级化、居住密度下降、战后拥挤简陋的住房条件的改善等方面找到原因。这些复杂的居住情况变迁，同时也伴随着房地产价格的大幅上涨。

尽管巴黎的居住密度在逐渐减小，但这并不妨碍它仍然是法国人口最为稠密的城市，同时也是全球人口密度最高的城市之一。巴黎每平方公里平均有 21370 名居民，在密度上仅次于近郊的勒瓦卢瓦 - 佩雷（每平方公里 22000 名居民）。而在法国境内，所有居民人数超过 50000 人、人口密度超过每平方公里 10000 人的市镇，无一例外地坐落在巴黎近郊：布洛涅 - 比扬古、蒙特勒伊、阿涅勒、库尔布瓦、奥贝维利耶、讷伊、伊西和克里希。相比之下，作为法国第二大城市的马赛每平方公里有 3530 名居民，而作为第三大城市的里昂，则每平方公里有 10280 名居民。

回顾历史，巴黎的居住密度曾经远远超过现在的水平，尤其在 1921 年，达到了每平方公里 28000 人的惊人数字。这一密度的计算包括了布洛涅森林和文森森林在内，如果去除这两个森林的面积，那么密度甚至可能达到每平方公里 33400 人（按照同样的计算方式，现今的巴黎为每平方公里 25790 人）。然而，巴黎的居住密度减小的背后却是资金起了筛选作用，即经济能力不足者被迫离开城市范围，导致社会阶层混合程度相较之前明显下降。这是商业逻辑下不可避免的趋势，也是经济规律的必然结果。欲在巴黎谋得一席之地，就必须为此付出巨额代价；否则，只能选择居住在离工作地点较远的郊区，也就需要长时间穿梭于居住地和工作地之间。

巴黎的吸引力由来已久，历经数百年依然不衰。早在19世纪，那些来自外省乡村的穷人，为了逃离家乡的窘迫困顿，甚至食不果腹的生存环境，纷纷涌入巴黎，在奥斯曼大型改造工程和工业化的浪潮中寻找新的谋生机会。与此同时，那些相对富裕、拥有文化资本的外地人，则是因为对声名远扬的巴黎的向往而来，怀揣着在这座城市实现发财或成名的梦想。"1830年，迅猛而有力的人口流动所带来的最显著后果，就是不幸的人们聚集在一个越来越不适合他们需求的城市中，一部分人取得了耀眼的成功，大多数人却深陷极度贫困的泥沼，二者之间的差距堪比天堂与地狱。"（Marchand，1993，p. 21）巴尔扎克的《人间喜剧》中的人物拉斯蒂涅，以及左拉的《小酒店》中的人物朗蒂埃和热尔维丝，生动地代表了这两类截然不同的外省移民。

外省人：巴黎的第一批移民

　　19世纪，巴黎的移民主要来自外省。利穆赞、布列塔尼和奥弗涅等地都为巴黎的人口增长贡献了一份力量。当时，人们往往会将社会不安稳的原因归咎于这些外省移民，这与后来那些来自贫穷国家的移民所遭受的待遇如出一辙。新来者似乎总是不易被接纳，直至下一波移民拿过接力棒。

这些大量涌入的外省人塑造了巴黎独特的历史面貌，为这座城市注入了时代的活力。他们聚集成社群，在一些特定的街区留下了清晰的印记。布列塔尼人聚居在蒙帕纳斯火车站周边，奥弗涅人则在圣安托万郊区安家落户。法国外省的生活气息已经深深融入首都的核心，至今在巴黎的城市布局中依然生动地存在。

因此，迈入 1886 年，巴黎可谓外省人口的最大聚集地：仅有 36% 的巴黎居民在这座城市出生，而 56% 出生于塞纳省除巴黎之外的其他地区或外省，另外 8% 则出生于国外（Marchand，1993，p.134）。到了 1999 年，土生土长的巴黎人的比例进一步降低：仅有 31% 的人出生在这座城市，14.5% 出生在法兰西岛其他地区，有近 1/3（32%）的居民出生在外省，剩余的 23% 则是在法国境外出生。这些巴黎人中有相当一部分是外国移民，在 2010 年的人口普查中，他们占到了巴黎居民总数的 14.9%。

巴黎的奥弗涅人

在路易十四统治时期，圣安托万郊区因税收减免政策而蓬勃发展，成为装饰木工作坊、锅炉制造作坊以及小型冶金作坊的理想之地。许多奥弗涅人凭着精湛的手艺成了锅炉匠或锡匠。

此外，一些奥弗涅人投身咖啡馆业，并成功地将这一业务扩展到巴黎的其他角落。餐馆、食品店和奥弗涅手风琴舞会，都以一种别具特色的方式涌入了拉普街：最鼎盛时曾有15家这样的圆舞会，令这条街道闻名遐迩。这种奥弗涅的痕迹至今仍可在一些街边店铺里感受一二。在"乡下人"咖啡馆、"奥弗涅之约"餐馆、"奥里亚克老皮鞋"餐馆，还能品尝到当地美食。而在一家名为"奥弗涅特产"的食品杂货店，依然可以购买到那些地道的当地特产。

在一家具有浓厚外省乡土传统的店铺，现任店主的父亲曾向他讲述，1950年他们班上的24名同学中，有23人"进京"来到巴黎谋生，其中不少人选择了开设咖啡馆。时至今日，许多来自奥弗涅地区的同乡仍组成各自的乡村社团，每个社团都定期举办一年一度的庆祝活动，包括社区集市、宴会，以及那令人陶醉于传统奥弗涅风情的布雷舞团，参与者多达数百人，共同巩固着这个群体的凝聚力。而这些社群活动得以延续至今，也要感谢《巴黎奥弗涅人》的大力支持和宣传。这份周报创办于1882年7月14日，面向来自7个省份的巴黎外乡人，包括普瓦图-多姆省、康塔尔省、上卢瓦尔省、阿韦龙省、洛泽尔省、洛特省和科雷兹省。

这种集体生活的存在并非今日方始。根据19世纪中叶一位作家的描述："每逢周日，奥弗涅的送水工们便会聚在一起，跳着他们独具特色的奥弗涅式舞蹈，而不去参加法式舞会。因为奥弗涅人既不接受巴黎的礼仪和语言，也不享受巴黎的娱乐。他们自成一体，就像巴比伦的希伯来人一样，独立于周围的浩瀚人群之外，避免了被同化的危险。可以说，比那些野蛮人更幸运的是，他们将自己的家乡穿到了鞋底下。"（Chevalier，1978，p.494，转引自 La Bédollière，*Les Industriels*，1842）

巴黎外省人的移民历史为我们提供了一个独特的视角，用以审视当今的新移民在融入过程中所面临的困境。在 19 世纪初，巴黎人与奥弗涅人或布列塔尼人之间的相处并不是那么轻松，仿佛岁月需要耐心推演，时间的磨合必不可少，以等待这些曾一度被污名化的移民逐渐融入。《辩论报》曾戏称他们为"蛮族入侵"，奥斯曼则以"游牧部落"揶揄之，梯也尔也称之为"一群流浪者"。这种排斥甚至以一种种族主义理论为依据，将胜者法兰克人的后裔，与被征服的"堕落民族"高卢人对立起来，前者由巴黎本地人所代表，而后者则由"野蛮"的外省移民所代表（Marchand，1993，pp.65-66）。就像后来面对外国移民，"法国本地人"又将成为这些巴黎土著的正统继承者。

在 20 世纪 30 年代，正值布列塔尼人涌向巴黎的高峰时期，蒙帕纳斯的大街上每年都会举行社群游行。这既表达了这些身在他乡的布列塔尼人融入巴黎的意愿，又展示了他们的身份自豪感，尽管这种自豪感曾受到不太正面的"贝卡辛"形象所影响。贝卡辛是法国漫画中的一位万事通女佣，这个人物并不令人称道（Tardieu，

2003）。尽管经历了几十年的中断，自 2007 年起，布列塔尼人的游行重新开始，这一次地点是香榭丽舍大街，旨在展示地方文化与国家文化之间的和谐共存。而多年来，位于巴黎十三区的华人社群也会在亚洲新年之际，热热闹闹地穿越"巴黎唐人街"的大街小巷。华人融入当地社会的愿望得到了法国当局的认可，2004 年法国的中国年期间，法国政府批准了他们在香榭丽舍大街上游行的申请。

以这独特的方式走上巴黎街头的移民不仅限于中国人。来自斯里兰卡的泰米尔社群，每年 9 月初都会举办一场盛大的巡游，以纪念象头神伽内什，他是印度教万神殿中一位拥有大象头的神祇。花车缓缓行进，由裸足躬身、赤膊赤胸、仅着一条腰巾的男儿驾驭，蜿蜒穿过第十区和十八区的街巷，穿越北站和东站之间的铁轨，车轮碾过破碎的椰子壳，闪闪发光的纱丽一路飞舞，交织着目眩神迷的巴黎人的相机镜头。

这些游行的组织者希望以一种受巴黎市民欢迎的方式，展现这个社群的存在。因此庆典活动完全敞开门户，欢迎所有人的加入。时至今日，大多数外省人社群的地方风俗游行已然停止，因为随着融入程度的加深，这些活动逐渐失去了原有的意义。我们不禁会思考：这些来自文化距离更遥远的亚洲社群的节庆活动，未来又将走向何方。

巴黎的世界

巴黎的外国移民

不断变化的多元移民群体

自 20 世纪初开始，来自欧洲其他国家的贫困人群也加入了法国外省移民的行列。初期涌入的是比利时人和波兰人，接着是意大利人和西班牙人。第一次世界大战后，来自非洲和亚洲殖民地的劳工开始涌入，为逐渐减弱的移民潮注入了新的活力，弥补了战后劳动力的短缺。这种短缺主要是因为战火阻滞了移民的脚步，而乡村的年轻人又大量丧生。与此同时，欧洲的移民潮仍在继续，这次是以葡萄牙人为主。而后，移民的主体转向了非洲，先是北非的马格里布，然后是撒哈拉沙漠以南地区。紧随其后的是东南亚、库尔德自治区、泰米尔纳德邦等地区的难民潮，无数的人因区域冲突而流离失所。如今，随着东欧国民的到来，欧洲移民正在强势回归。可以说，在这个瞬息万变的世界里，巴黎始终如一地迎接着因贫困和灾难而引发的移民浪潮。

从十三区的中国商店和超市到古特多尔熙熙攘攘的非洲街道，巴黎的多样性无处不在。漫步于巴黎的街头，我们仿佛从一个大陆走到另一个大陆，感受移民劳工的辛勤、品味各式餐馆的异域美食、聆听来自世界各地的音乐之声。如同昔日外省一样，今天是整个地球为巴黎贡献着无数元素。据记录，近 200 个国度的人在这座城市共同生活，多元文化已然成为巴黎社会的鲜活写照。

外国移民在巴黎的存在感比在外省更为突出。2010 年，法国全国范围内居住的 3817562 名外国人中，有 334566 人选择在巴黎定居，占比 8.8%，而法籍巴黎居民仅占法国总人口的 3.1%。若比较各个大区，外国移民在法兰西岛大区的比例也显著高于其他大区，全法国 38.8% 的外国人居住在这个大区，而法国人中仅有 17% 选择在此安家。如果单看法兰西岛大区，巴黎聚集了该大区 22.6% 的外国移民，领先于占 21.8% 的塞纳 - 圣但尼省。而这两个数字在 1999 年时分别为 25% 和 20%，也就是说，两者间的差距在逐渐缩小，这一变化无疑也是首都中产阶级化进程的一部分。

法兰西岛大区内部的这一趋势是对巴黎不断上涨的房价的回应。经济条件一般的人越来越难以在巴黎找到安身之所，其中绝大多数是外国移民。而法籍中等收入家庭重返像贝尔维尔和古特多尔这样的街区，也加剧了外国移民被挤出的过程。

然而，居住在巴黎的外国移民仍然占据着移民人口相当大的比例。其中主要有两个原因：一方面，有些外国人并非严格意义上的移民，他们在社会中拥有较高的职业地位；另一方面，在社会阶梯的另一端，一些处于社会底层的外国移民仍然能够在巴黎找到容身之地，他们要么居住在一些古老的社会保障性住房群，或者栖身于带家具的小出租房、狭小的阁楼、女佣房间，甚至居住在破旧的或

巴黎的世界

卫生状况堪忧的楼房里。外国移民在巴黎各区的分布情况凸显了这种两极分化。

外国移民在巴黎的不均衡分布

在 1999 年和 2010 年的两次人口普查中，外国移民在巴黎人口中所占的比例几乎没有变化，仅微升至 14.9%，略高于先前的 14.5%。外国移民在巴黎各区之间的分布情况也基本保持一致。那些外国移民比例超越巴黎平均水平的街区，主要可分为两大类：一类是北部和东部的几个外围区（十八区、十九区和二十区），另一类是中部偏东的区（第二区、第三区、第十区和十一区）。令人意外的是，在最为"高端"的两个区，即第八区和十六区，外国移民的比例却与巴黎的平均水平持平。

尽管各区之间存在一定差异，但不论是在 2010 年还是在 1999 年，各区的外国移民比例均高于或几乎等同于法兰西岛大区的平均比例（12.5%），更是远远高于整个法国的平均比例（5.9%）。

在第八区和十六区，外国移民的比例相对较高，这与他们较高的社会地位有关，因为这两个区的外国移民中有 33% 被归入"高管与高级知识分子"类别。而在十八区，仅有 19% 的外国移民属于这一社会职业阶层。追溯至 1999 年，这一比例要低得多：第八区为 20.5%，十八区为 9.8%。或许是由于全球化经济的推动，作为国际高级管理人员的外国移民数量显著增加。在第八区,外籍劳动人口中有 33.9% 从事"直接受雇于个人"的职业,而在十八区,这一比例为 20.6%。此外,外国移民的国籍构成也存在差异。1999 年,第八区的外国移民中,欧盟公民占移民总人口的 57.4%;而在十八区,这一比例仅为 19%。在第八区,略高于 50% 的西班牙和葡萄牙劳动人口从事"直接受雇于个人"的职业,如保安和家政服务,而 35% 的摩洛哥劳动人口也从事同样职业。然而,在十八区,西班牙、葡萄牙以及摩洛哥劳动人口从事该职业的比例分别下降到 23%、36.4% 和 24.7%。如果同时考虑移民的职业活动和国籍,我们会发现高档社区的移民人口具有其独特性(见图 2-2)。

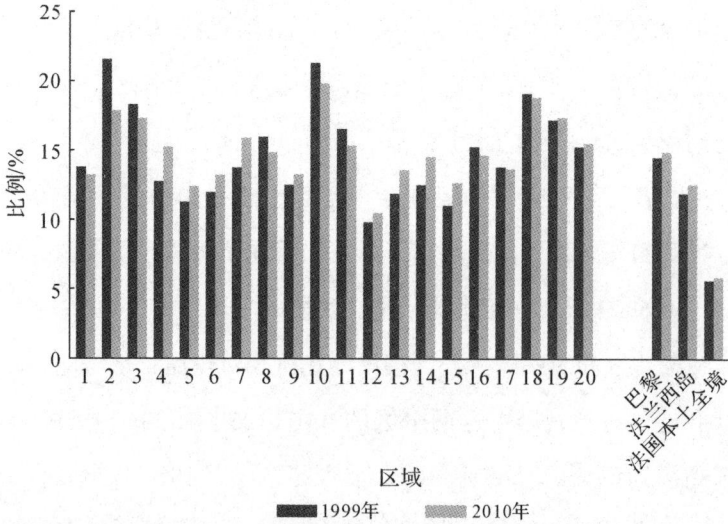

图 2-2 各区、巴黎、法兰西岛和法国本土全境的外国移民人口比例的演变
资料来源:法国国家统计和经济研究所人口普查。

在某些地区，似乎存在着某一族群的主导格局，比如意大利区（十三区）的亚洲社群，古特多尔区（十八区）的非洲社群，以及北站和东站之间（第十区）的泰米尔社群。但实际上，这些聚居地的族群同质性往往是相对的，其中当然也有法国居民，亦有来自其他地域的移民。

两座火车站之间的泰米尔人社区

从巴黎北站出来，沿着圣但尼郊区街上行，瞬间沉浸在一片仿佛置身于印度的氛围中，然而这个错觉并非毫无道理。琳琅满目的纱丽悬挂在橱窗上，餐馆弥漫着浓郁的香辛气息，街头招牌上那些独特的字符，都在编织着这个印度幻象。然而实际上，这里的商家几乎全都是泰米尔人，他们中的大多数人是逃离斯里兰卡内战的难民。自20世纪70年代中期以来，斯里兰卡（前英国殖民地锡兰）一直处于内乱之中。在第十区的几条街道上，在这个被遗忘在北站和东站的铁轨之间的角落里，他们找到了避难之所。作为斯里兰卡的少数民族，泰米尔人信仰印度教，讲自己的语言，与之相对的是占斯里兰卡总人口75%的僧伽罗人，他们信奉佛教，也有自己的语言。

回顾20世纪70年代末，位于圣但尼郊区街的这个地段陷入了困境。从拉夏贝尔大道到北站，小商铺在大型零售业的竞争下纷纷关门歇业。在这些难民纷至沓来之际，许多店面都已经空置。而这些难民往往是取道英国，乘火车抵达巴黎北站。如今，在这个异国风情的街区，商铺的同质性却异常显著。但耐人寻味的是，除了底层的泰米尔商铺，居住在这些建筑楼上各层的家庭，其社会结构并未受到影响。

实际上，泰米尔人并未在此居住，因为此处的房价对他们而言过于昂贵。他们的居所在郊区市镇，如拉库尔讷沃、谢勒或者塞弗尔。这个所谓的"移民"街区，只在地面层有着移民的痕迹。

虽然如此，此地由泰米尔人主导的错觉依然强烈。因为这是巴黎的一隅，虽然面积不大，却是泰米尔人的重要商业中心。每到周六下午，巴黎周边地区的泰米尔人从四面八方涌来，在这里购物和聚会。各式各样的商品琳琅满目，泰米尔人足以在这片区域自给自足——如果他们能够住在这个街区的话。杂货店、市集、珠宝店、服装店、旅行社、通信营业厅、公共写作服务、房地产中介、餐馆，甚至还有一间羊肉铺，那间从早年留存下来的清真肉铺，如今改行售卖羊肉，因为泰米尔人信奉印度教，不食牛肉……总之，这里的商品和服务极其丰富，自成一方天地。

泰米尔商贩与楼上的法国租户或房主之间的共处似乎十分和谐。事实上，泰米尔人非常重视与当地人和睦相处。或许是因为他们大多数信奉印度教，乐于"欢迎所有追求灵性升华者，不论其信仰何种"（斯里-马尼卡-维纳亚卡庙印发的小册子）；或许也与他们在斯里兰卡的惨痛经历有关。拉夏贝尔大道之外有两座神庙，随时欢迎参观者的到来，一座位于省道街 26 号，另一座位于帕若尔街 17 号。

古特多尔：巴黎移民历史的缩影

十八区的古特多尔街区，位于拉夏贝尔大道以北，毗邻巴贝斯 - 洛舒雅地铁站。在 1860 年以前，此地尚处于巴黎城外，当时在这里兴建了一批非常简陋的租赁性公寓楼。自此以来，已历经了几波移民浪潮。

佐拉的小说《小酒店》中的情节即发生在这里，故事中的朗蒂埃和热尔维丝就生活在这个社区。他们从马赛来到首都巴黎，怀揣寻找工作的期望。与小说中的人物一样，当时的移民主要来自外省乡村地区。随后，来自西班牙和意大利的欧洲移民接踵而至，取代了这里的外省移民。从 1920 年起，北非的卡比尔人纷至沓来，为这个街区注入了浓厚的马格里布风情。这种风情一直延续到 20 世纪 90 年代，直到撒哈拉沙漠以南的非洲移民开始涌入。曾经的柏柏尔咖啡馆逐渐被非洲餐馆所取代，布料商也逐渐将金银丝织锦替换为撒哈拉沙漠以南的非洲蜡染布和巴津布。如今，这种非洲内部的竞争正面临着来自亚洲和东欧的新一轮移民潮……

岁月荏苒，街区仍在，如同时光的镜头，记录着巴黎的移民历史。这些人口迁徙，放在历史的尺度上，不断谱写着人类多元融合的永恒篇章。

就业机会，巴黎的"吸铁石"

巴黎的人口增长及其对外省人和外国人的吸引力，首先源于这座城市及其周边地区庞大的就业市场。2010 年，巴黎的居民人数为 2243833 人，其中有 110.3 万名就业人口，而就业岗位达 179 万个，即每个就业人口平均享有 1.62 个就业机会。这 110.3 万名就业者中，有 75.4 万人（占总数的 68.4%）在巴黎城区工作，而 34.85 万人（占总数的 31.6%）则在郊区就业。与此同时，每天有 100 万名郊区居民进城到巴黎上班。这种交错的人口流动赋予城市双重面貌，轮回交替于昼夜之间。

然而，值得注意的是，1989 年巴黎的就业岗位数量曾高达 200 万个，而到了 2010 年仅剩 179 万个，也就是说减少了 21 万个。这种就业活动的缩减主要归因于工业、房地产和公共部门就业机会的减少。

同时，巴黎的这种就业结构演变也成为城市中产阶级化和房地产价格上涨的因素之一。作为法国的首都，巴黎的这一地位因此更加巩固。而生产活动的外迁，则将噪声、烟尘等污染源一并迁移到城市的周边地区，部分低技能劳动力也随之而去，让位于比起冶金和木材加工更显高端的第三产业。例如，安德烈·雪铁龙码头现已进驻了法国电视台，还有古老的圣安托万郊区，在巴士底歌剧院建成之后焕然一新，这些都是引人注目的变化。一些公共服务机构的搬迁，比如法国国家行政学院迁至斯特拉斯堡，与那些提供了大量就业岗位的作坊和工厂的关闭或外迁相比，其影响微乎其微。在蓬皮杜艺术中心兴建之前，我们还能在距离一箭之遥的市长街或格拉维耶街找到一些小型冶金工坊，专门从事家居五金件的加工。

财政部从卢浮宫迁至贝尔西，是城市发展规划中明确提出的巴黎空间重组愿望的最突出表现之一。尽管此构想或许另有出发点，但其附带效应则在于重新占领了东部未充分利用的土地，这些土地上往往是一些工业废墟或废弃仓库，同时夹杂着一些工人阶级聚居区。

从长远来看，一个有吸引力的巴黎，往往意味着最终会将最贫穷、最无力负担居住费用的居民排除在外。我们无法做到既要美化城市、升级基础设施、创造高端就业岗位、促进创意产业的兴起——古特多尔的时尚街区就是一个例子，同时还能让那些物质或文化资源相对匮乏、难以适应这种新的城市环境的人群继续留守原地。就像那位老太太，她曾居住在昔日的阿尔西斯高地，这是巴黎最贫困的区域之一，后来在钟表区规划改造的过程中，她将分配到的公寓留给了自己的儿子。这个区域邻近蓬皮杜艺术中心和艺术画廊，并不适合她的生活方式，而在这些曾长期被忽视的空间中涌现的年轻时尚人群，也令她感到格格不入。

第三章

巴黎是一座都城

巴黎：政治之都

在世界范围内，政治首都既不是经济或文化的龙头城市，甚至也不是人口最多的城市，这种情况并非罕见，美国、巴西、荷兰、印度皆是如此。而在法国，巴黎作为全国最大的城市，同时又是国家的政治首都，集结了各类政治权力机构，包括各国外交代表机构以及中央政府各部门。即便是全国农民工会联合会，也坐落于第八区的波美街 11 号，而农业商会常设大会则设在同一区的乔治五世大街 9 号，占据着加奈家族的一栋古老宅邸，距离香榭丽舍大街仅几步之遥。

众多国家机构的所在地，包括共和国总统府（爱丽舍宫）、总理府（马提尼翁府）、国民议会（波旁宫）以及参议院（卢森堡宫），在成为这些民选代表的办公场所和官邸之前，都曾是大贵族的私人府邸。大革命时期，贵族流亡国外，这些府邸被顺势没收，政府各部委和各国大使馆纷纷落户圣日耳曼郊区。即使在王朝复辟之后，这个趋势也没有逆转，主要原因在于生活方式已经逐渐改变。此外，维持这类大型府邸需要大量佣人，而家政人员的费用又在不断上涨。于是，富裕贵族和大资产阶级越来越倾向于宽敞舒适的公寓，因为

巴黎的世界

庞大的宫殿虽气象庄严，却也是沉重的负担。

巴黎是权力的中心，同时也是挑战既有权力的桀骜之地。19世纪的革命风潮和20世纪的社会运动，往往在这里发端。城市之喧嚣，亦使得巴黎成为游行示威之都，人们成群结队浩浩荡荡地走上街头，场面之壮观令人印象深刻。

巴黎：文化之都

巴黎在文化领域有卓越地位，不仅因其是艺术创造的摇篮，更得益于其巨大的销售市场。由于到访巴黎的游客人数众多，这个市场还延伸到了外省居民和国际游客。仅2012年，巴黎迎来的游客就达到约2900万人次，涵盖了各类住宿方式，包括酒店、民宿、家庭接待等（Office de tourisme et des congrès）。2011年，卢浮宫博物馆接待游客近900万人，比埃菲尔铁塔多了200万人。此外，蓬皮杜艺术中心、奥赛博物馆以及维耶特科学与工业城分别以近400万人、300万人和250万人的参观人次，跻身于最受欢迎的博物馆之列。作为文化之都，巴黎集聚了丰沛的创作资源和广泛的传播资源，这使其成为法国中央集权体系中最为显著的一环，同时也是最受争议的一环。

文化创作

2009 年，巴黎的工作人口中有 77351 名从事新闻、艺术和表演行业，而这一领域属于"高管与高级知识分子"类别。这个群体涵盖了从新闻记者、编辑、自由撰稿人、媒体机构负责人，到作家、编剧，再到戏剧、电影、电视等领域的艺术与技术管理人员，甚至包括了现场表演艺术家如演员、舞者、歌手，还有视觉艺术家和音乐家。此类从业者在巴黎的比例令人瞩目。在整个法国，这一行业在 15 岁及以上的劳动人口中所占比例平均仅为 0.6%，而在巴黎则高达 6.2%。在法兰西岛大区，整体比例为 2.4%，但因各省社会构成的差异，这个比例在各省间也有所不同，比如上塞纳省为 2.4%，而塞纳 - 圣但尼省则为 1.6%。

文化传播

文化创作活动如此活跃，与之相伴的是一个巨大的文化传播网络，二者相辅相成。在这个领域中，巴黎依然占据着举足轻重的地位。在出版业领域，法兰西岛大区的出版量占全国总量的 70%。巴黎的博物馆数量与种类之多，我们就不赘述了。《巴黎眼界》周刊中提到的博物馆超过83家，从扇子博物馆到卢浮宫博物馆，再到情色博物馆、卡纳瓦雷博物馆以及毕加索博物馆，应有尽有。至于画廊，要统计其数量并非易事，因为这是一个边界模糊且不断变化的领域。在巴黎城区，专业艺术画廊委员会的成员多达127家，而郊区只有1家，外省则有22家。在巴黎国立高等美术学院和马提尼翁大街周围，艺术品交易处于垄断地位，那里常常会举办画廊开放之夜，买家手持高脚香槟杯，流连于一家又一家画廊之间。圣佩尔街和巴克街之间是古玩商圈，价值不菲的珍贵藏品荟萃于此，同样也有类似的开放之夜活动。著名拍卖行如佳士得和苏富比，均坐落于第八区华美的建筑之中。而巴黎东部的画廊，则与具有先锋品位、相对资金有限的人群相契合，他们的购买力显然不如高档社区的买家强劲。艺术画廊的地理分布，与巴黎的社会层级划分及其演变一脉相承。

图书馆和音乐厅也是数量颇多，星罗棋布。而各类电影院，不论大小和档次，从1968年的65家，增至2008年的133家，进而增加到2014年的168家（《巴黎眼界》）。从空间分布来看，右岸拥有141家电影院，而左岸仅有27家，电影院依然是右岸的标志。每周，巴黎的电影院放映近200部影片，这还不包括电影资料馆或电影节围绕某一导演或演员举办的专场，而这已成为某些影院的特色。这种电影文化的丰富度与外省城市相比，简直是无与伦比的。

巴黎的电影院，犹如星辰点缀夜空，其空间分布似乎有些随意，并不与最有可能前来观影的社会群体在巴黎的空间分布相一致。十六区几乎没有电影院，而拥有香榭丽舍大街的第八区，一直是电影爱好者的约会胜地。在十八区，除了克里希广场及其附近，几乎没有其他电影院。2014年，十九区和二十区总共有6家"多厅影院"，放映各种类型的电影，有时甚至能欣赏到原声版本。利拉斯门的影院覆盖了环城大道区域，这反映了改善巴黎与东郊之间的交通条件的政治意愿。

而在两次世界大战之间，电影院的分布与现今截然不同，那时它们散布在巴黎的各个角落。其中，巴贝斯十字路口矗立着卢克索和巴贝斯 - 帕代两座气派非凡的电影院。前者模仿埃及神庙的风格，后者则呈现剧院式的格局，配有楼座、绛红色的天鹅绒座椅和舞台帷幕，以及幕布两旁供中场娱乐的演员使用的化妆间。

这些影院见证着那些曾经的周日上午，一个个家庭争先恐后地涌向售票处的画面，还有周六晚上，各色情侣们在影院欢聚的热闹场景。卢克索影院多年来一度被遗弃，之所以能幸存下来，完全归功于它那独具匠心的建筑风格、保护委员会的努力以及巴黎市政府的收购。2013年，卢克索电影院再度敞开了大门，焕发出新的生命力。

距离的远近并非无关紧要，它深刻地影响着人们的行为。每逢周末，香榭丽舍大街及其他充溢着文化艺术氛围的街区，人流如潮，其中很大一部分是郊区居民，他们涌向"城里"，如同外省人所言，因为只有中心地带才能享受到城市环境的所有属性。这种对文化场所的距离感，不仅是空间距离上的遥远，还常常是社会距离上的遥远，很可能会加深被排斥在权力之地和社会卓越场所之外的感觉。地铁、工作、电视，如果生活简化为两点一线，那么郊区也是一种生活方式，一种远离一切表征主流社会地位的事物，尤其是文化艺术场所的生活环境。

文化从业者扎堆于巴黎，他们的这种聚集可以相互滋养，实现内部的自给自足。生活地点和工作地点的重合，促进了人际交往和交流。在创作方面，他们能够以高度专业的基础设施（录音棚、出版社、版画工作室等）和高水准的专业人士（翻译、演员、布景师、影音技术人员等）为支持。在这些领域中，巴黎的大街小巷都是富饶的土壤，充满了蓬勃活力。

在文化和政治等塑造社会地位、占据社会制高点的领域，巴黎的分量远远超出了其人口规模所对应的正常比例。如果深入剖析，这种文化创作、传播和交易活动大量集中于巴黎的现象，可以从工作的协同性质以及从业者的相对不可替代性中找到原因。不过，我们还可以从巴黎式团结精神的角度来补充这个假设。就如同那些名校的校友群一样，巴黎人，即使是那些移居而来的新巴黎人，也因其身份标签和人脉网络获得了额外的优势——无论是对于电影拍摄团队的组建，还是新公司的创办。在巴黎这片激情沃土上，人才网络犹如盘根错节的森林，时装、新闻、演艺等行业，都能在这个充满活力的人才库中找到所需的才华和技能。反过来，这也是这些活动向外省迁移的一大障碍。

我们可以理解，外省人可能会对这种看似破坏了共和国机会均等原则的不平衡感到不满。巴黎提供了无与伦比的工作机会和配套设施，这种慷慨无处可寻。正因如此，这座城市"凭借其出色的整体设施水平，在越来越少地服务于普罗大众的同时，也在越来越多地服务于社会上层阶级"，并且"在城市和社会不平等的趋势中扮演着战略性的角色"（Préteceille，2003，p.144）。更何况，除了文化实力，经济实力和财富同样汇聚于巴黎，进一步加剧了这种不平等的趋势。

巴黎：经济之都

无论是在商业和金融领域，还是在知识和艺术创作领域，要想取得成功，最好不要剑走偏锋。因此，拥有一处巴黎的办公地址，已成为声誉的保证。甚至有些公司愿意在巴黎西区或市中心的繁华地段，经由专业服务公司设立虚拟信箱，仅为了彰显门面。如今，位于拉德芳斯的一些大型集团的知名度已经足够，无须再以"巴黎-拉德芳斯"这样的标签来充门面。比如道达尔，这家 2014 年市值超过 1000 亿欧元的法国头号企业，其公司地址仅以"库尔布瓦"显示。尽管如此，也不会有哪一家大公司大张旗鼓地展示其总部位于奥贝维利耶 [1]。

空间标识与商业选址

一个地址的象征价值首先取决于该区域的居民阶层。在这方面，巴黎的几个高档社区的历史很能说明问题。大公司和银行总部的地理位置变迁，总是追随着贵族和资产阶级豪富家庭的脚步，只不过在时间上稍有滞后。第九区和林荫大道率先打响名号，然后是香榭丽舍大街和第八区，随后则轮到了讷伊区。

首先，居民是社区品质的基础。高门望族的存在赋予了一个社区独特的空间标识，恰如大师级设计师为香水和各式精品赋予的独特名号一样，以一个伟大名字的魔法符号，令其价值倍增。空间标识通过隐约地提及居住其间的大人物的名字，为社区的卓越价值背书。

---

[1] 译者注：奥贝维利耶是位于巴黎北部的一个市郊小镇，距离巴黎市中心约 10 公里。它代表着那些位于巴黎郊区、缺乏知名度和吸引力的地区。

这一标签所负载的利益，成为社会斗争的焦点。这种斗争有时甚至发生在上层阶级内部，比如在讷伊，老牌上流社会与电视界或演艺界的新贵之间展开的较量。企业也加入了角逐，与豪门大户抢夺地盘，以求在这些知名位置占据一席之地。在第八区、十六区北部和讷伊，集团总部、商务咨询公司、奢侈品门店、外国集团代表处以及大使馆，一步一步占领了那些奥斯曼式建筑和私人宅邸。这种高度竞争，解释了为何大资产阶级住宅区一次次向西转移。而竞争之所以如此激烈，正是因为这些地区的象征性价值越来越高，而令人垂涎的地段又十分稀少，不可复制。

一个社会行业的主要力量聚集在同一条街道或同一个街区，不仅可以促进信息的交流，还能在环境的支持下形成一种蓬勃发展的态势。企业的选址策略可以根据各行各业的内在逻辑进行微调，从而愈加精准。以高级时装为特色的是第八区，而银行和保险业在第九区仍有很大的影响力，这也是它们的历史发源地。各区的专业化本身即是其卓越价值的象征，寻求与同行和竞争对手的近距离接触并非偶然之举。商业、企业和生意的群集现象，突显了与同行保持紧密联系的重要性。

上市公司总部

巴黎证券交易所的 CAC40 和 SBF120 指数集中了市值最大的

公司。排名前 40 位的公司同样包含在 SBF120 中，也就是说在这一指数中还有其他 80 家上市公司。而在这个精英公司阵容中，CAC40 指数中有 60% 的公司将总部设在巴黎，而 SBF120 指数的其他 80 家公司中，则有 44% 做出了同样的选择。从统计学的角度看，公司是否将总部设在巴黎与其规模紧密相关。

这种层级感，从各公司总部在巴黎的位置中也可见一斑。在总部设于巴黎的公司中，位列 CAC40 的公司中有 35% 位于最具社会声望、最具成功和财富象征的第八区和十六区。而列入 SBF120 的其他 80 家公司在这两个区的存在率约为前者的一半，仅为 16%。这与 2004 年相比呈现出显著的下滑，当时这两个比例分别为 59% 和 38%。这一下降的原因在于房地产市场的价格上涨，以及奥斯曼时代甚至更早时期建造的老建筑已落伍于时代需求。相比古老的雕花装饰和大理石壁炉，人们更青睐理性主义风格的现代楼宇，以容纳大量的管理人员和员工。巴黎郊区遍地都是这样的楼宇，而且价格更为平易近人。尽管大公司中只有 10% 选择在郊区设立总部，但一些大型集团已经朝着这个方向前进，比如正在将总部迁往奥贝维利耶的威立雅集团。里昂信贷银行也放弃了证券交易所附近的位置，搬到了马恩河谷省的维勒瑞夫，距离巴黎市中心不过 8 公里的路途。大巴黎计划和巴黎大都会计划无疑将改变目前这种象征性的格局，将郊区市镇纳入巴黎的名下，拉德芳斯也将正式成为巴黎的一部分。事实上，作为法国最大的办公楼集聚中心，拉德芳斯早已与巴黎的名字绑定在了一起。企业作为社会生产关系的产物，也不例外地遵循着空间分级的原则，这一原则倾向于根据个体和机构在各自专业领域内的地位来确定其在空间中的位置。在高端经济领域，外省的低比重再次得到了证实。

巴黎，卓越中心

在每一个领域，巴黎都是卓越之地，不论是政治、艺术、文化，还是经济。这座城市将不同领域的所有主导力量，权力和声望，以及与之相关的才华和技能，都紧密地聚集在一起。这种空间上的近距离接触产生了一种指数级的社会资本效应，为人际关系和商业合作架构起丰富的财富之桥。CAC40企业、私人俱乐部、政治党派、法国企业家协会、主流媒体，以及富家巨室的公寓和宅邸，无不聚集在首都西部的一个狭小范围内，构成了一个寡头的小世界。

这股集结的力量，通过地理图谱（《巴黎西区：寡头的小天地》，见图 3-1 至图 3-4），以一种直观的方式展示出这些金钱贵族的权势，他们将所有权力和财富聚集在仅仅 10 平方公里的区域内。那些议员，特别是社会党和中间派民主运动党的议员，他们的办公地毗邻国民议会，只需跨过塞纳河，即可赴法国汽车俱乐部主办的"世纪之夜"晚宴，会场与克里隆大饭店和美国大使馆相邻，享有俯瞰协和广场和波旁宫的无与伦比的景色。于贝尔·韦德里纳，曾在利昂内尔·若斯潘总理任内担任外交部长，他只需步行片刻，便可到达蒙田大街，参加伯纳德·阿诺特的奢侈品帝国LVMH（全称为Louis Vuitton Moët Hennessy，酩悦·轩尼诗－路易·威登集团）的董事会会议，该公司的总部就设在那里。会议结束后，他可以前往那家举世闻名且备受推崇的雅典娜广场饭店，与老同学们共饮友情之杯。

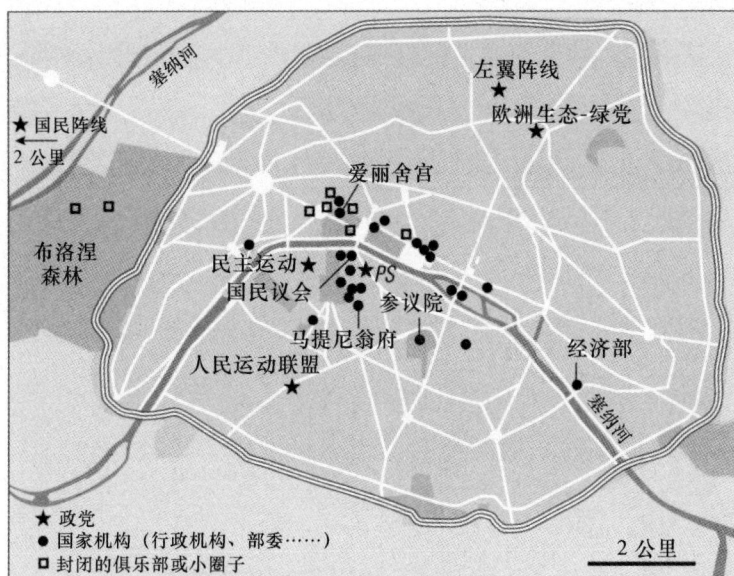

图 3-1　巴黎西区：寡头的小天地

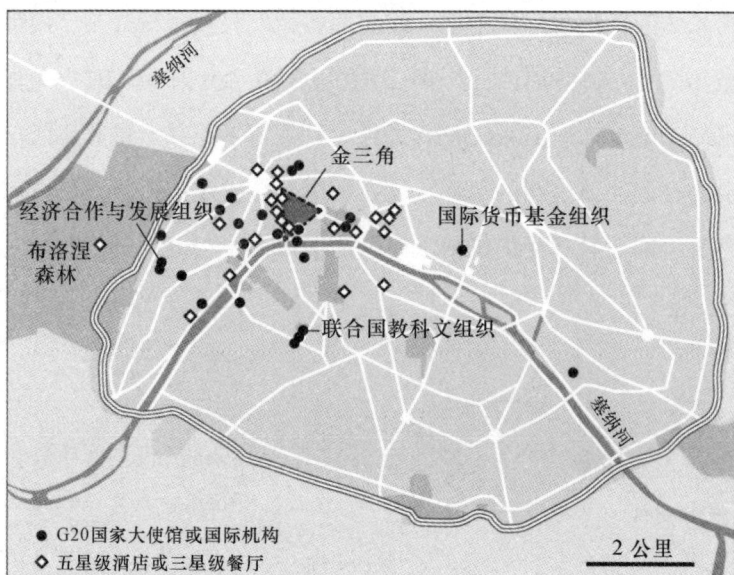

图 3-2　外交和旅游业

　　高级金融机构也近在咫尺，法国巴黎银行和法国兴业银行的总部均位于奥斯曼大道，毗邻泛欧交易所（Euronext），该集团旗下有多家欧洲证券交易所。在首都中心地带的第八区、第九区和十六区，大公司林立：布依格、皮诺（现更名为开云集团）、阿诺特（也以 LVMH 之名为人熟知）、维旺迪（旗下有付费电视集团 Canal+、电信运营商 SFR 等）……在这个卓越的区域内，各国大使馆星罗棋布，左岸的法国企业家协会也仅几步之遥。成为"富人总

　　　　巴黎的世界

统"的那位，在胜选之夜毫不犹豫地选择了香榭丽舍大街和乔治五世大街交汇处的富凯酒店，与大企业家、商业律师、知名记者和杰出艺术家们一同举杯欢庆，分享胜利的喜悦。

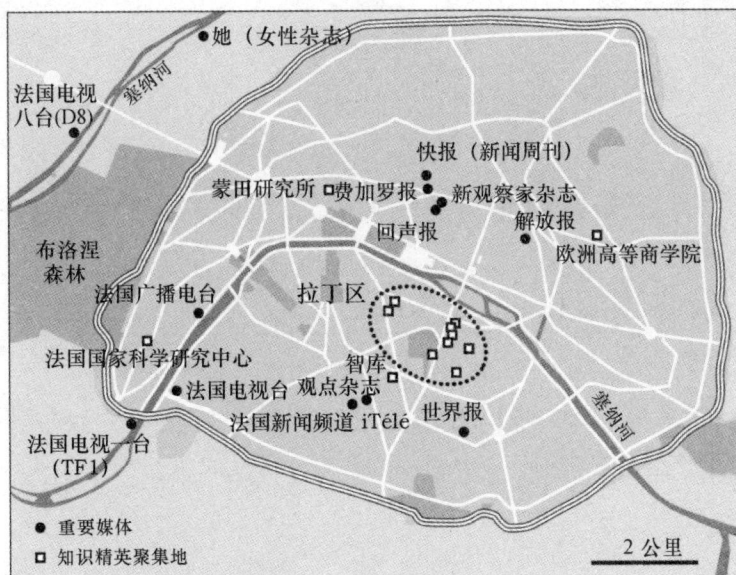

图 3-3　媒体与知识界

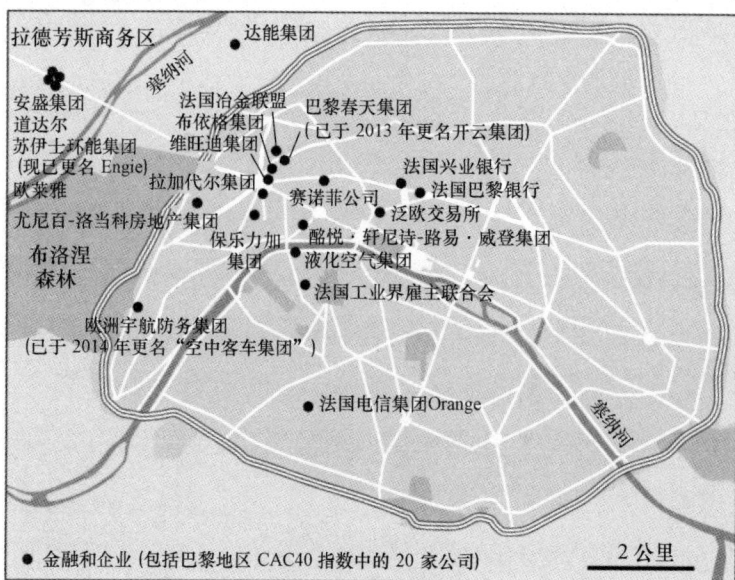

图 3-4 金融和大企业

资料来源: d'après une carte étabile par Agnès Stienne, *Manière de voir*, n°122, avrill-mai 2012.

巴黎: 财富之城

巴黎是巨额财富之都。在这座城市,大量财富集中于为数不多的家族之中,而这些家族则集结在特定的几个街区。在巴黎,财富团结税的纳税户数量以及他们的平均纳税额，均高于法国其他地区。

巴黎"专享"的财富税

在法兰西岛大区这个大巴黎都市圈内，财富的集中已是显而易见，更遑论巴黎城区。2012 年，这一大区的财富税纳税户数量达到了 94310 户，占据法国 157719 个该税纳税户的 59.7%。财富税的征税基数并不包含职业资产（符合一定条件的工作工具和金融股份），也不计算艺术作品、艺术品和古董（如家具等）。在法兰西岛大区的财富税纳税户中，有 55662 个家庭居住在巴黎，占总数的59%。巴黎独自包揽了全国 35% 的财富税纳税户，然而其在全国的纳税户总数中只占 3.9%。

值得注意的是，在尼古拉·萨科齐总统任内，2011 年，财富税的起征点从 80 万欧元上调至 130 万欧元，导致应税家庭数量从2006 年的 456856 户降至 2012 年的 157719 户（统计范围为人口超过 20000 人且财富税纳税户 50 个以上的城市）。有趣的是，在弗朗索瓦·奥朗德当选总统后，社会党政府将财富税的征税门槛保持在了 130 万欧元，但对 8000 ～ 1300000 欧元之间的财产按 0.5% 的税率征税。接着，税率逐渐上升，分为四个阶梯，从 0.7% 一直升至1.5%。

在巴黎内部，各辖区的财富税纳税户数量和纳税金额呈现出很大的差异。2012 年，仅十六区就拥有 13435 个财富税纳税户，相当于巴黎该税纳税户总数的 24%。相比之下，二十区的比例仅为 1.6%，尽管在 2010 年二十区的人口为 196880 人，而十六区人口为 171124 人。

巨额的财富主要集中在巴黎西部的优美街区，犹如巴黎的上流社会圈子一般。那里有赛马俱乐部、布洛涅森林俱乐部、巴黎马球俱乐部、法国汽车俱乐部乃至联合盟友俱乐部，这些精英社交圈的成员齐聚于此。就联合盟友俱乐部而言，2002 年在法兰西岛大区的会员中，有 56.4% 的会员居住在第七区、第八区或十六区。

此外，各区的财富税平均纳税额也呈现出显著的不均衡。2012 年，二十区的 913 个纳税户平均纳税额仅为 5861 欧元，而十六区的纳税户平均纳税额则高达 14184 欧元。在一个区域内，财富聚集得越多，纳税额就越高。金钱吸引金钱，家庭越富有，就越趋向于同类相聚。正因如此，那些在房地产市场上具有更高支付能力的家庭，尽管他们在择地安居方面拥有足够的自由，但在社会学决定论的影响之下，他们还是会选择聚集到一起。（Pinçon et Pinçon-Charlot，2007）

西部与东部之间的反差在郊区也得到了重演：2012 年，上塞纳省占据了法兰西岛大区除巴黎以外各省财富税纳税人的 53%，而塞纳-圣但尼省仅占 3.7%，纵然两地的人口数量相当，上塞纳省为 1572048 人，塞纳-圣但尼省为 1522048 人。2012 年，讷伊区的那些纳税大户平均缴纳了高达 16664 欧元的财富税，而东郊市镇欧奈苏布瓦的纳税户，却平均仅需支付 6100 欧元。

罗斯柴尔德家族在巴黎

在巴黎这座充满着古老传奇的城市，罗斯柴尔德家族这颗璀璨之星得以登台亮相，展示着其家族错综复杂的谱系，富可敌国的财富，以及无比强大的影响力。

早在 1838 年，罗斯柴尔德家族法国分支的开创者詹姆斯·梅耶·罗斯柴尔德（James Mayer Rothschild，1792—1868）就买下了塔列朗的古老府邸。这所建筑坐落在圣弗洛朗坦街，紧邻协和广场和里沃利街的交汇之处。此后，家族的多位成员相继在第八区安家落户，购置或兴建了豪华的私人宅邸。其中，詹姆士·梅耶·罗斯柴尔德之子所罗门的住所位于贝里耶街，如今已捐赠给了国家，成为国家摄影中心。昔日之宅院，如今之公园，依然占据着那片 4000 平方米的土地，距离凯旋门仅几步之遥。而位于马里尼大街的马里尼公馆，与爱丽舍宫隔街相望，亦曾是该家族法国分支的珍贵房地产之一。后来，马里尼公馆被法国总统府购入，成为接待外国贵宾的国宾馆。诸多外邦显赫之人曾下榻于此，其中也包括 2007 年访问法国的穆阿迈尔·卡扎菲，他曾在公馆花园内搭起了帐篷。

该家族英国分支派往法国的代表，即该分支创始人之子纳撒尼尔，购得的位于圣奥诺雷市郊路 33 号的一处房产，曾一度是俄罗斯大使馆的所在，距离爱丽舍宫也仅一箭之遥。在第一次世界大战期间，他的孙子在这里创办了全新的"联合盟友俱乐部"，专为途经巴黎的军官提供临时落脚之地。1918 年，俱乐部购入了这座建筑，并沿用至今，尽管其军事色彩已逐渐消逝。

另一位罗斯柴尔德家族成员，即詹姆斯之子埃德蒙，与外交使团有着相同的品位。他选择在同一条街的 41 号安家落户，这是另一所充满贵族气息的宅院。而这座宅邸，后来被美国当局所垂青，购买下来用作了大使官邸。（Pinçon et Pinçon-Charlot，1998）

就这样，巴黎的富人住宅区不断向西蔓延。透过观察、访谈以及文献研究，我们发现，这种巨额财富的聚集有助于非经济资本的积累，尤其是那些无形的社会资本。换言之，就是可随时动用的人脉资源，在相互支持之下使每个个体的力量倍增。（Pinçon et Pinçon-Charlot，2003）这种高档住宅区的"内部圈子"促进了一种特殊的生活方式的培养，这种生活方式避开了普通世界的风风雨雨，使社会主导地位得以代代相传。

巴黎人的《法国社交年鉴》

《法国社交年鉴》（*Bottin Mondain*）第一版问世于 1903 年，是一个关于贵族和古老资产阶级家族的华贵名录。2002 年，该年鉴列举的尊贵家族中有 32% 定居于巴黎。其中，有 308 个家族属于骑士后裔，也就是最古老的贵族阶层，这些家族在 1903 年的初版名录中就已赫然在列，如今历经百年沧桑仍屹立不倒。唯一不同的是，他们居住在巴黎的比例有所增加，在西部高档住宅区的集中度也随之加强（Pinçon et Pinçon-Charlot，2003）。

空间隔离不仅仅意味着个体无法平等地获得城市的各种使用价值，还意味着个体无法均等地享受城市的丰富资源，包括最宜人的居住地和最优质的配套设施。从象征层面上来说，它也是一种社会地位和权力的表达。这就像姓氏、头衔、职位一样，居住地同样成为一个个体在社会结构中身份的标志，犹如"天生"的优雅或口才。反过来，居住地的选择又会进一步强化这种社会地位。原因无他，大资产阶级偏好与同阶层者为伍，形成一种自成一体的内部社交圈，这在社会中是一种强有力的社交教养方式。

要理解这一点，我们只需观察语言的惯用方式，不同的使用方式导致法语在词汇、句法和口音上呈现出差异，就像十六区的帕西和十八区的巴贝斯之间的区别。由于这些根深蒂固的经验，居住地的选择也在很大程度上影响着社会地位的传承和再生。

第四章

巴黎的『中产阶级化』
和去无产阶级化

法文中的"embourgeoiscmcnt"（资产阶级化）这一术语，并不能准确地描述中产阶级和上层阶级占据以前的工人阶级社区的过程。那些新迁到巴士底，更不用说古特多尔的人，并不是那些继承了丰厚家族财富的资产阶级后裔。所以，我们不得不使用"gentrification"（中产阶级化，又译士绅化、绅士化）这个英文单词。在英语社会学文献中，该术语描述了一个在低收入社区发生的，同时涉及物质、社会和文化的社会空间现象：伴随着破旧建筑的翻新，中产阶级涌入，致使租金和房价上涨，从而迫使原居民搬离（Lévy，2002）。如果我们忽略其英文原词"gentry"所指的乡绅，那么"gentrification"这个词其实比"embourgeoisement"更为精准，其含义更不易引发误解。

至于"波希米亚式布尔乔亚"这一称谓，在非学术的白话中被戏称为"波波族"（bobos），恰恰与推动社区中产阶级化的主力人群相吻合。这一词汇源自美国（Brooks，2002），同样具有一定的深意。它凸显了一个难题：在已有的词汇中，如何准确描述这一特定群体的多维特性。在职业层面，他们多涉足经济活动中的新兴领域，如新技术、媒体、广告或设计。而在社会地位上，其跨度从中层职业，到上层知识分子和管理职位，再到各类意想不到的角色，如公共部门的公务员或企业主。更不用说，他们的生活方式也五花八门，时而古雅传统，普遍自由奔放。

"波希米亚式布尔乔亚"这一称谓之所以如此广泛流传，甚至作为新词收录入 2005 年版《小拉鲁斯》词典，正是因为它界定了社会统计中所忽略的一类人群。正如真正的布尔乔亚，"波希米亚式布尔乔亚"也并不仅仅是职业与社会地位的交集。我们仍需为他们寻找一个在社会学研究中更为贴切的称谓。

工人阶级的退却

人口普查的结果非常明确：从 1954 年到 2010 年，居住在巴黎的所有劳动人口中，工人和雇员的比例从 65.5% 下降到 28.6%，而企业主及中高层职业人士的比例则从 34.5% 上升至 71.4%。在此期间，巴黎的劳动人口数量从 1561714 人下降到 1232891 人，总共减少了 328823 人。不过，这种减少主要源于工人和雇员数量的大幅缩减，他们在这几十年间减少了 670316 人。与此同时，企业主、高管、高级知识分子以及中层职业人士的人口数却呈相反趋势，增加了 341493 人。

这一切的背后，昂贵的房地产成本固然是推手，但还有更深层次的原因，那就是巴黎和法国的劳动人口经历了结构性的巨变。传统的工业领域逐渐式微，被现代服务业取而代之。巴黎的去工业化进程可谓惊人，工业就业岗位从 1962 年的 576000 个减少到 1999 年的 134000 个，再到 2004 年的 98000 个，进而降至 2009 年的 80283 个，这一系列数据皆来自法国国家统计和经济研究所的估算。曾为这座城市奉献汗水与热情的工人阶层，如今在巴黎这繁华画卷中渐显孤寂。这不仅因为工业岗位日益减少，更因为居住成本逐年攀升。在国民议会和参议院里，工人和雇员的比例勉强可及 1%。这一曾为国家辛勤耕耘的群体，如今正面临着被边缘化的命运。

社会职业类别的统计演变：从 CSP 到 PCS

自 1982 年起，法国国家统计和经济研究所在人口普查中引入了全新的社会职业分类体系，从旧有的 CSP（社会职业类别）调整为新的 PCS（职业和社会职业类别）。这一变革为建立跨时期的统计序列带来了一定的复杂性。尽管如此，我们仍然选择将 1954 年与 2010 年的巴黎人口社会构成进行对比，后者是目前为止的最新数据年份。我们所观察到的社会构成演变，或许与 1982 年的统计方法改革有所关联。

在 1982 年的人口普查结果公布时，巴黎城市规划工作室同时采用了新旧两套分类体系。按照传统的分类方法，工人的数量多出了23500人。这个数值差异是多重调整的结果，在新的分类体系中，工人的范畴扩大，包括了农业工人（这一点在巴黎影响不大）和受雇佣的出租车司机，与此同时排除了工长，将其归为中层管理人员（属于中层职业人士）。因此，工人数量的减少在一定程度上是由统计方法的改变所致。但相对于这个时期内总共减少的670316名工人和雇员而言，这只是一个小数目。考虑到高层管理人员数量的显著增长，我们得出的结论是：这种分类方法变更对整体的影响微乎其微。

再者，在所有的统计图表中，我们都自行将雇员和工人合并为一类，同时也将1982年之前的服务人员加入其中。因为从1982年开始，法国国家统计和经济研究所将服务人员划分为雇员（占86%）、工人（占7%）和中层管理人员（占3%），其余的则被归入高级管理人员和高级知识分子，以及手艺人、商人和企业主（这些百分比基于1982年的全法国数据）。也就是说，经过我们重新整合后的1954年职业类别与2010年大致相同。因此，巴黎的中产阶级化并非统计假象，而是一个深刻的社会现实。

在先前的分类体系中，"其他类别"包括了艺术家、神职人员、军人和警察。根据1982年的全法国数据，其中10%被划分到了高级管理层，28%属于中层职业，59%则为职员。考虑到"新闻、艺术和表演职业"在巴黎所占的分量，我们决定将这些"其他类别"

与中层职业（在 1982 年之前称为中层管理人员）整合在一起。

在各种统计图表中，我们均采用了 1982 年以来的新分类名称。
（Desrosières 和 Thévenot，2002；Seys，1984）

尽管如此，巴黎依旧容纳着相当规模的贫困人口。"所有关于贫困、苦难和社会排斥的统计数据均显示巴黎高居榜首。"逾 1 万人无家可归，每 20 户家庭中就有一户仰赖最低生活保障（RMI，最低融入社会救济金）。"1/8 的巴黎家庭处于'贫困'状态，因其每月的生活费低于 670 欧元，这是法国国家统计和经济研究所 2001 年定义的贫困门槛"（Jean-Marie，2004，pp.315-316）。到 2011 年，有 265925 名巴黎人，占居民总数的 11.9%，生活在贫困线以下，每个消费单位①的月均消费不足 982 欧元。2012 年，有 52906 人领取固定生活补助（RSA，积极互助收入补助金），占巴黎总人口的 4.5%，而领取全民医疗保险（CMU）补助的人数为 85417 人，占巴黎总人口的 5.9%（APUR，Base de données sociales sur Paris，octobre，2013）。到 2013 年底，A 类失业者人数高达 112613 人，占巴黎劳动人口的 9.2%，而全法国的失业人口总数为 3347700 人（法国劳动部）。

巴黎的贫困问题由来已久，长久以来这里就生活着一个庞大的

---

① 译者注：消费单位是指一个家庭或个人在消费方面所占的份额。它通常根据家庭成员的数量和年龄来计算，第一个成年人算 1 个单位，第二个成年人和 14 岁以上的孩子算 0.5 个单位，14 岁以下的孩子算 0.3 个单位。

巴黎的世界

无固定居所群体，占到全国此类群体的 20%。造成这种情况的原因，一方面是巴黎的去工业化；另一方面，巴黎的繁荣和完备的公共设施也为所有人，包括最贫困之人，提供了比其他地方更多的资源，这在一定程度上也吸引了外来贫困人口来到巴黎。

安德烈·雪铁龙公园和码头：从工业盛世到媒体时代

贾维尔站坐落在巴黎大区快铁 C 线（RER C）上，其釉面砖墙与金属横梁的设计使人联想到透过车站窗户就可以望见的埃菲尔铁塔。这两座建筑，虽大小悬殊，却同是 19 世纪末工业辉煌的见证。步出车站，就到了"安德烈·雪铁龙码头"（1878—1935）。在这片曾经繁忙的贾维尔工业区，直到 1968 年 12 月，仍有 12000 名工人以及 5000 名管理人员和职员从事双 V 标志的汽车制造。但到了 1975 年，这 17000 人的队伍已然缩减到 8000 人，而如今则寂静无声，再无一人。

自坡道而下，直通贾维尔下码头和塞纳河的采砂场。曾经，沉重的建筑材料就是从这里启程，沿着河道运往巴黎的各个建筑工地。

这片曾是每天早早醒来的"工蚁"的忙碌之地，如今只剩下昔日工业繁华的残迹。曾几何时，坐落在快铁轨道另一侧的 Canal+ 电视台大厦高高地俯瞰着这里，以其耀眼的白色和现代感的轮廓为人称道。这座年轻而自豪的建筑似乎对码头上的喧嚣，无论风起时的尘土飞扬，还是雨落时的泥泞不堪，都不屑一顾。就连它的碟形天线都有意地转了个方向，与那已经逝去的岁月保持着距离。

随着时光流转，那些昔日的工业设施与尘封的仓库渐行渐远。码头逐渐展露出都市化的容颜，踏步其间如行走在精工雕琢的石板路上。目光得以无碍地越过河面，凝望那些在此悠然静候的游船。在滨河路的另一侧，一道铁艺大门为我们开启了通向昔日雪铁龙工厂的领地，如今这里已焕然为一处时尚公园。

1972 年，这片一度荒废的工业之地被市政府买下，彻底抹去了过去的烙印。公园的每一个角落都围绕着自然这一主题，展示着大自然的多重魅力，与周边的现代建筑形成了鲜明对比。而这片新区的南部，尽显其现代化风貌。高耸的庞洛玻璃大厦，尽管备受争议，但却是银行集团和电视公司的办公之所，恰如其分地承载着新时代经济的核心——金融与传媒。

旁边坐落着乔治·蓬皮杜欧洲医院，其主入口巧妙地隐藏在一个巨大的玻璃斜坡之下，通向一条仿佛机场般的室内长廊，这种"高科技"氛围与周边的建筑风格完美地融为一体。

在法国电视集团总部的大楼内，我们可以看到"室内街道"的别致构想。建筑立面前的宽敞露台俯临塞纳河，站在露台上南望布洛涅-比扬古，可以远眺 TF1 电视台的总部大楼，其所在之地正是早先的雷诺汽车制造厂，如今早已搬迁他处。塞甘岛曾经摇摆不定地寻找着最终归宿，这座昔日的"工人要塞"似乎没有开发商和城

巴黎的世界

市规划者所预期的那般容易开发。当代艺术收藏家弗朗索瓦·皮诺曾一度规划在岛上建造一座当代艺术博物馆，用以展示其私人艺术收藏，然而未能实现。这个项目的夭折为野心、投机和竞争腾出了空间。最终，音乐、现代艺术和电影将在这片象征性的领土上留下深远印记，而工人阶级的记忆则被遗忘在历史的角落。一家国际豪华酒店将成为全球寡头的相逢共赏之所，在这艘新的巴黎西部之船上相聚，共享这个新兴的文化殿堂。

中上层阶级的崛起

2010 年，巴黎的劳动人口中有 71.4% 属于中高层管理人员、大小企业主或手艺人。而在 1954 年，这一比例仅为 34.5%。与之相反的是，工人、雇员和服务人员在 2010 年占巴黎劳动人口的 28.6%，而在 1954 年这一比例为 65%。管理人员的增加在全法国范围内也是一个普遍趋势，但在巴黎，这一趋势更为显著。1962 年，高级管理人员和自由职业人士在法国本土全境的劳动人口中仅占 4%，而在巴黎则占 9.6%。到了 2010 年，这一比例分别上升到 12% 和 35.3%，巴黎的专业人士和管理人员比例过高的现象加速出现（见图 4-1、表 4-1）。

这一变化并不仅仅局限于那些环境优美的高档社区，因为在这些社区，高级管理人员的比例本来就比较高。相对而言，在那些由工人阶级主导的社区，高层职业人士的比例翻了一番。更为重要的是，巴黎人口的减少在东部的工人阶级社区并不明显，十三区和十九区在此期间人口几乎没有变化。因此，中产阶级化进程与其说是由高档社区造成的，不如说是由中上层阶级散布到城市的各个角落造成的。

贝尔西的蜕变

"巴黎在东区苏醒"，媒体标题所言不虚。东部，现代之所在，创意的源泉，都市的焕新之地。搭乘未来主义的地铁 14 号线（东西快速地铁），是前往此地的不二之选。这条线路已实现全自动化，乘客可以置身于驾驶员的位置，在一路震撼中抵达圣艾米隆庭院站。以这种"高科技"方式，踏入曾经的工人和工业之区，我们读懂了巴黎市政官员和行政当局的意愿：通过为被遗忘的区域注入新的活力，实现都市的再度平衡。

自 1960 年以来，葡萄酒开始在产地装瓶，也就是酒标上所说的"在酒庄"装瓶。从此之后，那个曾经世界上最大的贝尔西葡萄

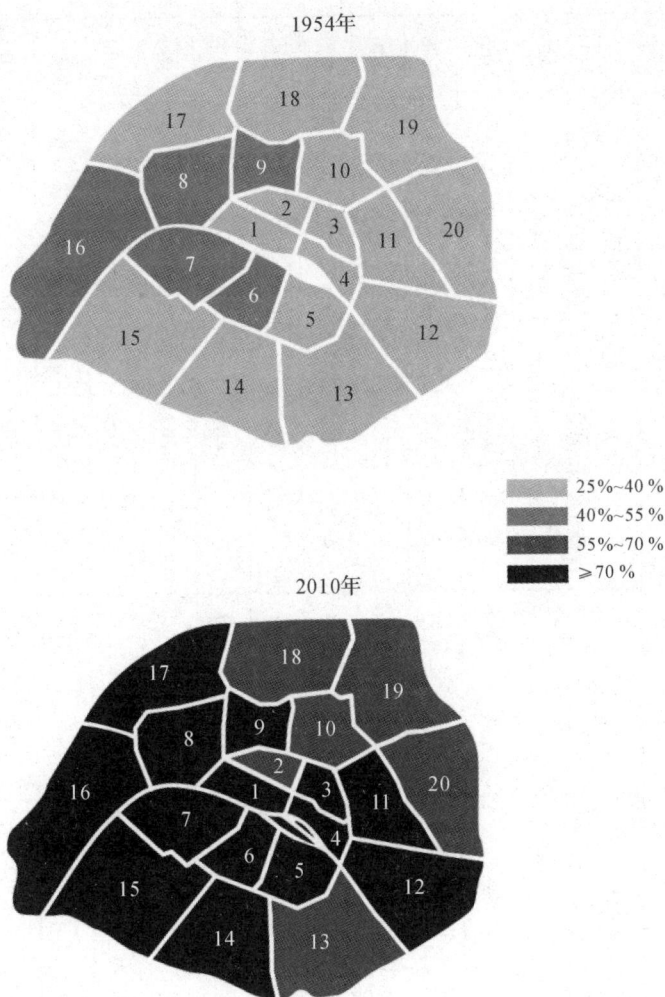

图 4-1　1954 年和 2010 年中高层管理人员以及企业主的比例

数据来源：法国国家统计和经济研究所人口普查。

表 4-1 1954—2010 年巴黎各区的劳动人口的社会职业结构演变

行政区	1954 年				行政区	2010 年			
	劳动人口总数/人	企业主、管理人员、中层职业人士比例/%	工人和雇员比例/%	合计/%		劳动人口总数/人	企业主、管理人员、中层职业人士比例/%	工人和雇员比例/%	合计/%
1	23250	36.1	63.9	100	1	10665	79.7	20.3	100
2	26835	31.9	68.1	100	2	35675	31.2	68.8	100
3	38460	32.8	67.2	100	3	22271	79.3	20.7	100
4	37513	32.3	67.7	100	4	16357	78.6	21.4	100
5	56981	36.9	63.1	100	5	31456	80.8	19.2	100
6	45041	42.8	57.2	100	6	21409	80.0	20.0	100
7	53379	41.9	58.1	100	7	29462	78.0	22.0	100
8	44045	43.9	56.1	100	8	21806	76.7	23.3	100
9	58186	42.3	57.7	100	9	36160	78.0	22.0	100
10	74465	34.5	65.5	100	10	57604	69.6	30.4	100
11	116980	28.6	71.4	100	11	92282	73.8	26.2	100

巴黎的世界

行政区	1954年				行政区	2010年			
	劳动人口总数/人	企业主、管理人员、中层职业人士比例/%	工人和雇员比例/%	合计/%		劳动人口总数/人	企业主、管理人员、中层职业人士比例/%	工人和雇员比例/%	合计/%
12	84204	33.5	66.5	100	12	81830	73.0	27.0	100
13	90756	27.4	72.6	100	13	96820	67.7	32.3	100
14	93892	34.9	65.1	100	14	74414	73.8	26.2	100
15	135660	35.7	64.3	100	15	129882	76.7	23.3	100
16	106225	45.7	54.3	100	16	80676	77.1	22.9	100
17	126688	39.4	60.6	100	17	94496	73.9	26.1	100
18	150059	30.0	70.0	100	18	115882	64.7	35.3	100
19	87637	25.9	74.1	100	19	98099	60.0	40.0	100
20	111458	27.5	72.5	100	20	107645	62.5	37.5	100
巴黎	1561714	34.5	65.5	100	巴黎	1232891	71.4	28.6	100

数据来源：法国国家统计和经济研究所人口普查。

第四章 巴黎的"中产阶级化"和去无产阶级化

酒市场已经成为历史。出了地铁站，你就再也找不到马克·奥兰笔下那个"弥漫着葡萄酒香的城市"，也无法找到1860年并入巴黎的那个贝尔西村庄，取而代之的是一个名叫"贝尔西村"的新兴社区。这个地方的42座葡萄酒酒窖在1980年的拆除浪潮中得以幸存，被列入《历史古迹补充目录》，并经过了修复。

在圣艾米隆庭院，古老的鹅卵石路与昔日运送葡萄酒桶的铁轨仍然还在，依稀讲述着过去的故事。这庭院仿佛是贝尔西昔日风貌的缩影，街巷和小道以著名葡萄酒产区的名字命名，错综复杂地交汇于此。然而，随着时光的流转，这片风情独特的迷宫已被现代手法轻轻改写。

过去曾是酒窖的建筑，如今在国家建筑师（法国历史建筑保护部门）的监管之下，经过私人房地产公司的巧妙改造，已蜕变为风格各异的商店与餐厅。这些建筑早在19世纪初便已落成，位于当时的巴黎市界之外，巧妙地规避了入城税。1998年底，尼古拉斯葡萄酒专营店和酒吧率先在此开张，仿佛向那段美酒盛宴的岁月致以微醺的敬意。

管理公司为入驻的店铺规定了四大主题：大自然、探险旅行、文化艺术与美食佳酿。因此，这里有花园商店，有远方的旅行，有优质葡萄酒，有书店，许多店铺还设有书籍区……它们共同谱写了一曲新时代的乐章，自然的和鸣、探险的舞蹈、文化的颂歌以及美食与美酒的交响。

不同的时间，这里会迎来不同的人群。工作日的上午和中午，在附近上班的白领络绎不绝；而在周三，是母亲带孩子购物的日子；到了周末，这里又成为家庭欢聚的好去处。这片时尚又宁静的天地，是中产阶级知识分子的聚集地，他们在此找到了心仪的店铺，还有那宜人的露台，仿佛置身于乡村的广场。店堂内充满古旧情调，多用古老木材、经时光打磨的石头和破旧的木地板来作装饰。而那家拥有18个放映厅的电影院，一直坚持播放外国原声影片，为这片文化绿洲，再添一笔韵味。

沿着圣维旺小径前行，我们来到了光明大厦——一栋由钢铁与玻璃构建的雄伟之作，内中藏有诸如法国外贸银行和法国信贷银行等金融大鳄，还有一些葡萄酒文化机构。

公园的北部边缘则屹立着住宅楼群。自20世纪80年代末期以来，这一地区的居民数量逆势而上，与整个巴黎的人口走势截然相反。这种增长主要源自中产阶级和上层社会的涌入，如今，这个地带的社会结构已经与整个巴黎的平均水平大体一致。

途中，我们不禁为弗兰克·盖里所设计的奇异建筑驻足。它曾短暂作为美国文化中心，如今则成为电影资料馆和电影博物馆的所在之地。继续向前，巴黎贝尔西多功能体育馆，其两侧绿意盎然的草坪，以及宏伟壮观的财政部大楼，都在彰显巴黎向东发展的再平衡逻辑。这些地标无疑是巴黎东部复兴的先驱，如今正在见证一个充满曲折但终究成功的城市重塑理念，彻底改变了我们记忆中那个过去的巴黎边缘地带（贝尔西社区的人口变化见图 4-2）。

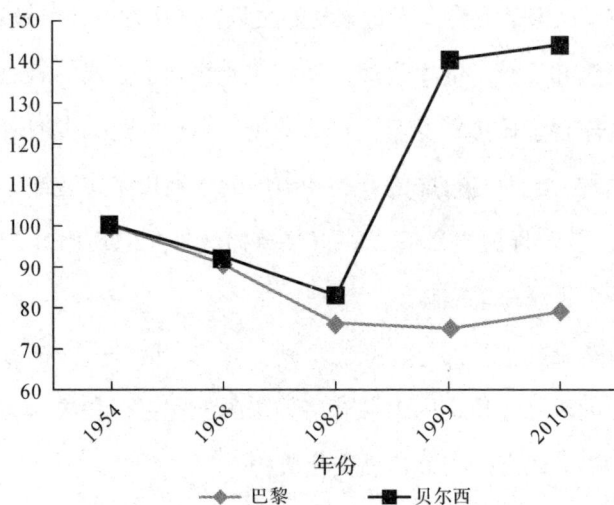

说明：以1954年为基准年，基数设为100。

图 4-2　1954—2010 年贝尔西社区的人口变化

数据来源：法国国家统计和经济研究所与巴黎城市规划工作室的统计数据。

　　图 4-3 清晰地展现了在整个巴黎，高层职业人士比例逐渐上升的趋势。这一增长在工人阶级社区表现得尤为明显，以至于市中心区与西部资产阶级传统社区已然不相上下。尽管如此，由于东北部的下层民众比例过于显著，仍可辨识出一个新月形地带。但照此发展趋势，在不久的将来，这些差异或将日渐消弭。然而，正如财富在东西之间的差距依旧存在，同样的，那些在统计分类上同属上层

的群体，其社会学定义在两地之间也不尽相同。

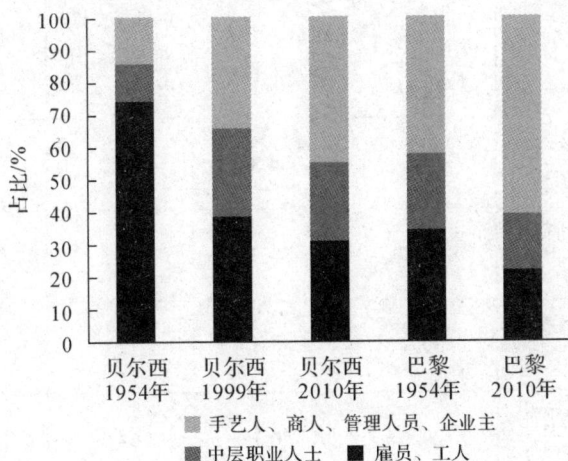

图4-3　贝尔西（第47街区）与巴黎总体的劳动人口结构变迁

数据来源：法国国家统计和经济研究所人口普查。

　　按照行政区划给出的百分比可能掩盖了街区之间的内部差异。在十七区，这种东北—西南差异自19世纪就已存在，在蒙梭公园建造那些豪华府邸的建筑工人，便租住在埃皮内特区的公寓楼中。直至今日，尤其是在通往圣拉扎尔火车站的铁道两侧，这种经济悬殊仍旧显而易见（见表4-2）。

表 4-2　十七区各街区的社会多样性　　　单位：%

街区	1954		2010	
	企业主、管理人员、中层职业人士	雇员、工人、服务人员	企业主、管理人员、中层职业人士	雇员、工人、服务人员
岱纳区（第 65 街区）	45.2	54.8	79.7	20.3
蒙梭平原（第 66 街区）	47.5	52.5	75.3	24.7
巴蒂尼奥勒（第 67 街区）	37.6	62.4	77.8	22.2
埃皮内特区（第 68 街区）	29.3	70.7	64.2	35.8
十七区	39.4	60.6	73.9	26.1

资料来源：法国国家统计和经济研究所人口普查。

水畔社区：从圣马丁运河到圣但尼运河

十七区的社会层次多样性，自其创建之初便已存在，每一片区域从一开始便是为不同的社会阶层而划定。然而，那些紧邻巴黎东北部运河的堤岸地带则有所不同，在过去曾是工人阶级的聚居之地，但随着该地区的中产阶级化进程，一些地方的面貌已经发生了巨变。

从巴士底广场到圣殿郊区街，穿越勒努瓦大道与儒勒费里大道，一片郁郁葱葱的公园沿着地下运河的通风口一路铺展。这条运河在地下悄然前行了两公里，在抵达维耶特之前，它还需在地表行进 2400 米，途中攀升 25 米。昔日，满载黄沙与煤炭的驳船曾艰难地逾越那八道闸口；而今，这些船闸已成为观光小船的游乐场，为游客带来一段奇特的水上之旅。

直到圣马丁运河向东的转弯段，一路的金属栈桥、船闸、旋转桥、绿化带以及古老的铁艺路灯，共同勾勒出一幅错综复杂且富有意境的景致，它们的倒影在流水中舞动，犹如一幅不断变幻的水墨画。曾几何时，沿着那些繁忙的码头，仓库和工坊林立。而今，这种独特的城市景观吸引来了新的居民，他们住进了那些因为工业和港口活动的凋零而腾出的空间，与此同时，往来的驳船也日渐销声匿迹。

在瓦尔米堤岸和杰马佩堤岸上，一间间装饰各异、充溢着"刻奇"风格的时尚咖啡屋映入眼帘。这里的店内陈设显然来自旧货商，杂七杂八而不拘一格，门前的自行车停车场模仿了阿姆斯特丹的风格。这些咖啡屋吸引着年轻、知识渊博兼具艺术修养的顾客，他们珍视这条古老的运河，并乐见其保留独特的历史韵味。一家公司将相邻三间店铺的木质橱窗重新漆成了柔和的色调，分别是一家设计师服装店、一家异国工艺品店和一家清雅的茶室。这一切都是为了保留那份难以言表的"氛围"，这里必须用这个词，因为卡尔内的电影《北方旅馆》的取景地便是此地的 102 号"北方旅店"。

沿着运河堤岸继续前行，水面渐宽，高楼耸立，与河岸保持着距离，这是城市更新的成果。在 20 世纪 70 年代，那些阳台上带有太阳镜式护栏的高楼一度引起了不小的争议。然而，相较于那个计划在运河上建造八车道城市高速的提案，这些争议可谓微不足道。这条高速公路原计划建在运河的河床上，在 1963 年的 12 月 23—24 日之间，这一提案竟获得巴黎市议会的全票通过，简直令人难以置信。幸运的是，这项计划在 1971 年被摒弃。

现如今，在阳光灿烂的日子里，巴黎市民和游客会来到这里，或漫步，或野餐，或弹唱。每逢周日，堤岸会成为行人专属区，禁止汽车驶入。步行者、骑行者和轮滑爱好者纷纷现身于此，以实际行动表达对这一城市政策的赞赏。

然后，风景渐趋平淡，大量新近且毫无特色的建筑耸立两岸，令河岸也显得乏善可陈。好在水面开阔，呈现了一片无边的景致。沿着杰马佩堤岸，仍能见到一些红砖、铸铁和玻璃构建的工业建筑。而在斯大林格勒战役广场，高架地铁和勒杜设计的圆形城关，标定了 1860 年以前的巴黎边界。再往前，就是维耶特水库，它曾是这座城市的饮用水之源。勒杜的圆形城关附近有两座电影院，水库北部则屹立着一座豪华酒店和大学生公寓，这些都为这个社区的中产阶级化趋势增添了助力。稍远之处，河岸上还设有滚球场，周末总是热闹非凡。

我们从小环线铁路的轨道下方穿过，地下通道的拱门里藏有艺术家的工作室和各种社团的活动场所。一家大型熟食店令人回忆起曾经的维耶特屠宰场，现在那里已被科学和工业城所取代。这片区域正处于通往奥贝维利耶和塞纳 - 圣但尼省的过渡地带，不知未来将何去何从。

维耶特盆地和圣但尼运河交汇之地，即第 73—74 街区，在 1954 年曾充溢着浓厚的工人阶级氛围，而时至 2010 年，这种工人阶级气息并未发生质的改变。相较之下，圣马丁运河沿岸的第 39—40 街区的社会变迁则更为显著，那些勤勉的雇员和工人，其在劳动人口中所占的比例从 1954 年的 69% 跌至 2010 年的 32%。同一时间，维耶特和弗兰德桥地带则从 79% 降至 46%。在这两个区域，随着工人和雇员数量的逐渐减少，手艺人、商人和企业主的人数也同步减少。然而，中层职业人士，尤其是高级知识分子和高管的数量则显著增加。尽管两地的起点差异甚大，但都呈现出了一种与时俱进的中产阶级化趋势（见图 4-4）。

十七区的每个街区都步入了中产阶级化的进程。自 1954—2010 年，埃皮内特区的管理层和中层职业人士比例从 29.3% 上升至 64.2%，而在岱纳区，这一比例则从 45.2% 上升至 79.7%。

圣安托万郊区和圣马丁运河流经之地所经历的变迁，都是受到富有阶层的推动。这群人不仅仅住进了曾经属于工人阶级的居住区，更改写了公共场所、大街小巷、咖啡馆和各式商店，营造出一种宜人的城市情调。然而，这种情调已经不再属于那些迁移到边缘地区的工人阶级。

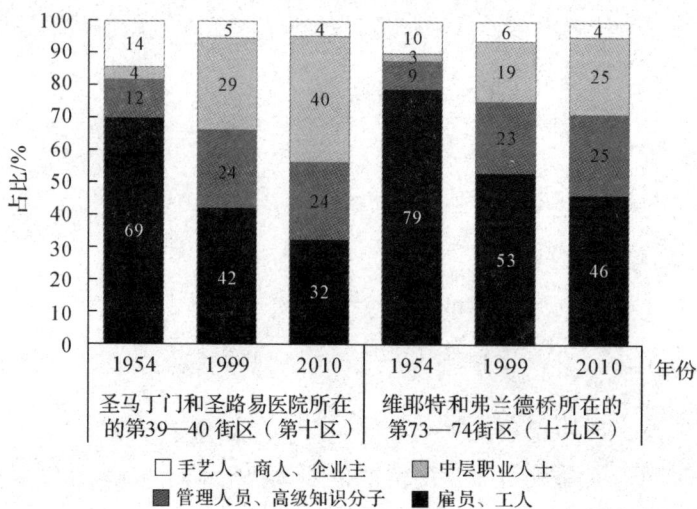

图 4-4　劳动人口的社会构成演变（第 39—40 街区和第 73—74 街区）
资料来源：法国国家统计和经济研究所人口普查。

　　纵然中产阶级化无处不在，也并不代表法兰西岛大区的所有上层职业人士都能在巴黎找到安居之所。实际上，他们中仅有 34% 真正居住在巴黎市区。其他的人中，32% 选择了近郊省份，而 34% 选择了远郊省份。这也就意味着，即使对于这些上层职业人士而言，生活在巴黎也是一种难得的奢侈。而法兰西岛的其他劳动大军，选择在巴黎市区内居住的仅占 16.9%，也就是说仅为前者的一半。

居住条件的改善

随着巴黎人口的逐渐减少，这座城市日益摆脱了其工人阶级基调，呈现出更为精致的风貌。这一趋势反映了双重变化：一方面是社会人口结构的转变，另一方面是总人口数量的下降。1954—1999年，巴黎的居民数量减少了约725000人。与此同时，居住密度下降，住房条件得到了显著的提升。

战后的居住困境

人口流失并非完全是负面的。二战之后，巴黎满目疮痍，简陋的居所比比皆是，拥挤和不便似乎成了生活的常态。直到1954年，仍有大量的住宅缺乏基本的供水设施。其中，有180000套住宅（占住房总量的16%）的供水点位于楼道，30000套住宅（占住房总量的3%）的供水点位于院子里，而另外2800套住宅则需要到更远的地方取水，如公共泵和公共饮水喷泉。当然，相比较而言，外省的居住条件则更为艰苦，全法国仅有52%的住宅能够供应自来水。

从法国国家统计和经济研究所的数据中，我们可以窥见那时的居住状况，这些数据生动地展示了生活中的不便之处及其多种多样的存在形式。在关于卫生设施的描述中，仅有19%的住宅配备了"浴缸或淋浴"（全国比例为 10%），10% 的住宅"有一个或多个洗手盆（不包括厨房的水槽）"。这意味着对剩下的 71% 住宅而言，其"卫生设施"可能最多也只是厨房的水槽。然而，并非所有的房子都有厨房，其中 65000 套住宅甚至一个水槽或洗手盆都没有。

这种居住困境也表现为人们被迫挤住在狭小的空间内。在 1954 年，巴黎有 375000 套单间公寓，其中 168000 套（45%）至少由两人居住，21620 套（5.8%）甚至容纳了四人或更多。到了 1962 年，在自有住宅的巴黎家庭中，34% 都面临着过度拥挤的状况，而对于租住的家庭而言，过度拥挤的比例更是高达 56%。不过在外省，过度拥挤的情况就没有那么严峻，只有 16% 的住宅（包括自住房和出租房）存在过度拥挤的问题。

今日的舒适环境

数十年岁月更迭，巴黎的住房条件发生了翻天覆地的变化。到 1999 年，94.5% 的巴黎住宅都配置了浴缸或淋浴设施。而到了 2009 年，仅剩下 26372 套住宅（占主要居所总数的 2.3%）既没有浴缸也没有淋浴。在法国本土全境，97.6% 的住宅至少配备了一个洗浴间，其中 10% 的住宅甚至配备了两个或更多。此外，巴黎的大型住宅数量也在增长。自 1990 年以来，拥有四个或以上房间的大面积住宅增长了近 10%，达到 231000 套，而同一时间，巴黎只有 265000 套单间公寓。这也从另一个侧面反映出居住条件的持续改善。

住房环境日渐改善的同时，居住密度也逐渐降低。从 1954 年的每平方公里 27000 人下降到 1999 年的 20200 人，虽然这一数字仍然偏高，但下降的趋势十分显著。

这两种趋势相互影响，互为因果。人口的减少及其社会经济地位的提高，或许与改善住房条件的房地产项目密不可分。或者反过来说，当更为富裕的社会群体进入低收入住宅区时，可能会引发对小型住宅的合并和重组。据统计，1999—2009 年，巴黎由房东自住的主要居所比例从 29.6% 增长到 33.1%，尽管这一数字仍远低于法国本土全境的 57.7%。

公共干预与私人房地产市场

在古特多尔区，政府的干预已令破旧的住房焕然一新。经过修复或重建为社会保障性住房后，其居住密度也相应降低。而在巴士底区，受过高等教育的年轻人跟随着房地产市场的节奏，占据了曾属于巴黎无产阶级的地区，曾经的革命岁月和街垒战的见证之地。而旧贵族区玛黑区的复兴则处于这两者之间。政府于 1969 年和 1976 年两次介入，制定了保护和增值计划，对那些历史价值深厚的房屋进行了修复。这些历史建筑随之得到了新兴富裕阶层的青睐，他们一拥而入，重新占据了这个区域。

在其他一些街区，大规模的翻新工程已将原来的面貌彻底改写。原有的住宅区和工业区格局已经荡然无存，意大利区便是一个典型例子。新建的托比亚克和奥林匹亚塔楼拔地而起，曾经的格墨和罗纳摩托车工坊不复存在，潘哈德和勒瓦索尔汽车工厂也无迹可寻。不过即便如此，我们仍然可以在舒瓦西大街的尽头看到一些厂房风格的锯齿状屋顶建筑。

今时今日，这里已成为写字楼的天下。其中的一些高楼大厦，是推倒原先的市郊工人住宅楼而建的。在国家街与朗蒂耶城堡街之间，例如布尔关巷，这种老式居住风格的痕迹仍依稀可见。再如十五区，塞纳河岸区的摩天大楼已经取代了雪铁龙的古老工厂。

这种城市更新或重建的方式，对于不同的社会群体有着截然不同的影响。富裕阶层已回归曾经破败的老街区，或入住了由私人开发商为其打造的新居。但在某些地方，由于大量社会保障性住房的存在，那些经济拮据的民众依然能够在巴黎安身立命。

巴黎的世界

社会保障性住房：中产阶级化的制衡之力

典范之区二十区

1954 年的二十区主要是工薪阶层的天下，当时中高层管理人员仅占其劳动人口的 13.5%，而工人和雇员则占据了 65%。然而，随着时间的推移，中产阶级化在这片土地上也悄悄发挥了作用，管理人员的数量从 15000 人增加到 2010 年的 67000 人，增幅高达 347%。与此同时，工人和雇员的数量从 72000 人减少到 40300 人，下降了 44%。虽然说工人和雇员仍占其劳动人口 37% 的比例，但我们不得不承认，二十区也或多或少地参与了巴黎中产阶级化的进程。

尽管这个区的工人阶级比例已经大幅降低，但它仍然保留了 19 世纪工人阶级巴黎的特色。因为存在大量的社会保障性住房，我们有理由相信，此地的社会转型不会像其他区域那样彻底。尤其是当初对这个地区寄予中产阶级化期待的家长们，他们虽然思想开明、包容友善，但在孩子的教育问题上格外慎重。面对那些与其教育理想不符的学校环境，他们会通过各种手段，包括使用假地址，来规避学区限制，以确保孩子的教育不受不良影响。

街角阁楼与斜坡小巷

不同于圣热纳维耶夫山的高远和圣日耳曼德佩区的儒雅，此地的都市环境大相径庭。这片区域呈现的是一种略显凌乱的风格，宛如一张历史的拼图，在各种不同风格的建筑遗迹之间，隐约可见一丝昔日乡村的影子。密密麻麻的死胡同、迂回小径和院落，曾是无数工匠带着徒弟埋头苦干的地方。随着去工业化程度的加深，一些特立独行的空间开始浮现。这些空间可能对一般大众并无吸引，但却成了中产阶级知识分子和艺术家的钟情之所。这些建筑，无论是那些风格独特的阁楼还是经过巧手改造的咖啡馆，都流淌着一种不能被复刻的魅力。比如坐落于帕诺约街的"面包房"，这家风靡一时的餐馆，墙上的浅浮雕由本土艺术家精心创作，将传统的播种、收获和烘焙的情景再现。在一个充满食品安全忧虑，疯牛病和不安全的鸡肉横行的年代，这样的餐厅深得那些寻找食物本真的食客们的喜爱。

二十区也有不容忽视的优势。这里有拉雪兹神父公墓，一个广袤、宁静且绿意盎然的地方。在47公顷的树影和古墓之间，尽可无限沉思，这里是历史回想和文学思索的理想场所，也吸引着那些热衷神秘奥义的心灵。尽管这里的斜坡对于年长者来说略显陡峭，但却赋予了许多住宅俯瞰巴黎全景的绝佳视野。那些古老的石阶小巷，仿佛是蒙马特高地的影子。许多小巷通向一些年代久远的工人住宅，现在已经成为年轻夫妇的心之所好。他们或许没有几个孩子，但却为这些建筑的古朴风情所吸引，在这里找到了巴黎1830年、1848年和公社时代街垒战的革命风华。留尼汪广场周边则更像是一个消失的巴黎的缩影，每一砖每一瓦都深具情感和象征意义。不仅如此，这里存在大量的"事实上的社会住房"，虽然条件欠佳，甚至达不到社会保障性住房的标准，但至少还在环城大道之内，为众多工薪家庭提供了居住之所。

社会保障性住房的三个时代

在高歌猛进的巴黎房地产市场中，社会保障性住房犹如一座座安全岛，成为低收入群体的归处。但这些安全岛数量有限，入住者需要满足严格的社会准入标准，尤其是收入方面的限制。

根据2013年1月1日巴黎城市规划工作室的统计，符合《社会团结与城市更新法》（SRU）规定的社会保障性住房占二十区主要居所的31.2%，较2011年的25.2%有所上升。这意味着，在二十区，每三户居民中就有一户居住在社会住房中。而在巴黎全市，这一比例从2011年的13.4%增加到了2013年的17.9%。相较之下，十一区在社会保障性住房建设方面则有所滞后。2013年，该区的社会保障性住房在所有主要居所中的占比仅为12.1%，与2001年的8.1%相比，增幅有限，因此无法阻挡该地的中产阶级化进程。

社会保障性住房内部的多样性也不容忽视。它们的建造时间跨度从19世纪末至今，大致可以划分为三个时期。第一个时期始于19世纪末，终于1948年。当时的住宅楼遵循社会保障性住房法规而建，独特的建筑形式，搭配上铁艺装饰与红砖外墙，建筑布局紧凑，院落狭窄而略显幽暗。其内部设施曾颇为简陋，采用煤炉供暖。浴室若有，也只是简易的淋浴间，淋浴水如瀑布般从顶部倾泻而下，然后从地板上的排水孔流出。厕所通常设于院中，有时连淋浴间也设在院子里，每周只开放一两天。即使后来装上了一些现代化的舒适设施，这些建筑对于中产阶级知识分子来说仍然缺乏吸引力，更何况他们的收入通常超过了社会保障性住房的入住标准。

二十区的第二代社会保障性住房建于1948—1981年。当时的建设标准开始现代化，从一开始便配备了所有便利设施。然而，这些住宅的内部空间仍然较为局促，阳台也直到较后期才逐渐出现。至于窗户上的百叶窗，它们从未超过地面层往上一层的高度，因为保险公司认为，仅此两层的高度和攀爬的困难，足以使盗贼望而却步。这些建筑群整体看起来略显单调，缺乏居住的优雅之感，并且同样受到严格的分配条件的限制。

自1982年至今的第三代社会保障性住房，其建设质量得到了明显的提升。建筑师们仿佛从成本的桎梏中挣脱出来，新近的社会住房成为他们施展创意的舞台。这些新颖的设计，对于都市中那些追寻与众不同的中产阶级波希米亚人的确具有一定的吸引力，但与那些古老的鹅卵石铺就的街道，以及那些新装的仿佛从古典诗歌中"走出来"的路灯相比，还是略逊一筹。

二十区：社会住房的集锦之地

社会保障性住房几乎遍布二十区的每一条街道。在博耶街3号，有一个建于1922年的低租金住宅小区。该小区一直由巴黎市公共住房规划和建设局（OPAC de Paris）管理，这是巴黎市政府的一个下属机构，负责建设和管理巴黎的社会住房，后来更名为巴黎住房中心（Paris Habitat）。最初，这里共有138套住房，每套面积均不超过30平方米，底层设有公共洗衣房和淋浴间。所有的公寓都通过开放式的走廊入户，以便于那些从不良居住环境搬迁过来的居民更快地适应新的生活环境。近期的翻修工程为这些建筑添上了金属结构，赋予其更为现代的外观。这样的居所，必将历久而弥新。

沿着博耶街漫步，在抵达"制革工坊"音乐厅之前，我们会依次经过13、15和17号院落，这些都是巴黎住房中心管理下的社会保障性住房。这些建筑群虽在1991年建成，但其建筑风格却显得乏善可陈，其单调平庸的外立面，与街对面那些如诗如画、洋溢着田园气息的小房子形成了鲜明的对比。

继续前行数十米，攀上梅尼蒙当街的坡道，我们便来到当地人亲切称之为"一百四"的住宅区，这是建筑师路易斯·邦尼尔的巧手之作。该小区始建于 1925 年，其外立面上不同色调的砖块交错嵌合，散发出别样的美感。然而，这片拥有大约 580 套公寓的住宅区，因其封闭式的布局，也曾经历过邻里之间的种种摩擦，也曾发生过不同年龄段或不同背景的群体间的冲突。幸运的是，近期的一个改造项目通过开辟新的道路打破了这一困局。这条新道路以曾居住在这里的犹太女性反抗者海伦·贾库波维兹命名，她是当地的共产主义青年团成员，最终不幸殒命于奥斯威辛集中营。这项改造工程不仅对住宅内部进行了优化，还通过拆除部分建筑，降低了建筑密度，再次表明了二十区坚定保留社会保障性住房的决心。

混杂一体的城市空间

巴黎的二十区展现了一幅色彩斑斓的城市画面。这里既有历史悠久的居住区，有些略显破败，有些经过了翻新；也有大量的社会保障性住房，其住户构成受到分配政策的强烈影响。尽管街道上的新兴中产阶级年轻人频频现身，但街区的整体气息并未因此发生根本性变化。里戈勒街那些老式的工人房屋，其中一些经过翻新整合，迎来了新兴的富裕阶层居民；但在街道的另一侧，贝尔维尔高地更像是一座工人阶级的城堡，不受任何中产阶级化趋势的侵扰。

再前行些许，便来到了博耶街，这条通往梅尼蒙当街的上坡路仿佛是"上升"的象征，它拥有一切成为时尚地标的潜力。在街角，在巷尾，工人阶级的历史印记随处可见。一家餐馆便坐落在曾经的皮革作坊中，食客们在一个改建的庭院里用餐，而旁边的咖啡馆则是从旧车库改造而来。旧时的机器静静伫立，仿佛在向顾客们诉说着往昔的故事。

　　紧邻的大楼上，镌刻着"贝尔维洛伊兹"（La Bellevilloise）的名字，这是 1877 年成立的工人合作社。外墙镶嵌的陶瓷熠熠生辉，上面镌刻着"科学"和"劳动"字样，仿佛在为这段历史作注解。这是巴黎唯一公开展示马克思主义标志的建筑，大楼入口之上雕有镰刀和锤子的图案。如今，大楼内部是蒙博耶文化中心，开设着传统的非洲舞蹈课程。

　　文化维度在任何中产阶级化过程中都扮演着至关重要的角色，它既是一种提升，也是一种认同。随着城市更新，街区的文化品位和文化形象的提升有助于街区价值的提升；与此同时，一旦新的文化取得主导地位，又能为城市更新做出定论，赋予其合理性。"制革工坊"音乐厅是博耶街上最具活力的文化场所之一，这里经常举办各种辩论和音乐会，吸引了来自各行各业的人们。音乐厅的老板兼具知识分子和工人阶级双重背景，涉足过心理分析和印刷业，他希望通过文化活动来促进不同阶层之间的交流。博耶街的另一家时尚餐厅"吉恩家"，老板是一个放弃了新闻工作，转而追求自己烹饪梦想的人。而这条街的 4 号，原是勒博迪基金会的一个分支机构所在地，负责管理该街区的一组社会保障性住房。1997 年，该处被改造成了一个艺术工作室"艺术的种子"。工作室经常举办各种艺术活动，如绢帛绘画、书法，以及年轻艺术家的展览和讲座等。

新的趋势是否会席卷整条街道？鉴于社会保障性住房的大量存在，这成了一个疑问。其中，勒博迪基金会的社会住房尤为引人注目。这个小区位于安南街上，门庭气派非凡，门楣上饰有一块刻着创始人肖像的浮雕。拱门之下，金色背景上镶嵌着蓝色的马赛克文字——"工人之家基金会"。该基金会的宗旨，便是为民众提供价格可负担、卫生条件良好的居所。一个玻璃房间被布置成了小型博物馆，里面展示着1913年的家居设备，包括铸铁灶和煤炭桶。尽管在随后的岁月里，这些住宅经过了舒适化改造，但租金仍然颇为优惠。一位租户在此处一套三居室公寓里居住了四十二载，养大了四个孩子，每月仅需支付500欧元。如此稳定的居住环境，让人不禁猜想，这片地区人口更替的速度可能不会很快。在通往博耶街的斜坡中央，一栋新建的公寓楼拔地而起，取代了昔日那所住户在周六和周日上午使用的淋浴和洗衣房。此地的住宅密度之高明确地表明，二十区仍是社会保障性住房的首选之地。

社会保障性住房的集中区域，往往也是那些"事实上的社会住房"的所在之地。此类住房条件简陋、舒适度较低而且人满为患，虽然不符合社会住房标准，却是真正属于低收入群体的居住之所。二者如影随形，相互影响，同时也映射出一系列突出的社会问题。这些区域似乎成为社会难题的聚集地：失业、教育困境、健康问题等等不一而足。根据 2013 年 10 月巴黎城市规划工作室发布的数据，二十区的居民中有 17.5% 生活在贫困线以下，而巴黎的整体比例为 11.9%；二十区有 11.7% 的人在法国就业中心登记为 A 类失业，而整个巴黎的这一比例为 9.2%；领取医疗保险补助的居民在二十区的人口中占 7.4%，而整个巴黎的平均值仅为 5.9%。

在二十区，社会保障性住房市场的存在以及贫困之地的集中，构筑起了一道防线，抵挡住中产阶级化进程的蔓延势头。与此同时，在其他地方，依赖于不断攀升的房价和老街区风情之魅力，中产阶级化进程已然彻底改变了那些曾被冷落的巴黎老区的社会结构、日常生活和学校环境。因此，若要在巴黎这样的城市中维持一个多元化的社会环境，势必需要国家和地方政府的深度参与。唯有通过推广和扶持社会保障性住房，方能对社会各阶层的空间分布施加影响，从而避免过度的社会隔离化趋势。

第五章

巴黎，资产阶级之城还是左翼之城

——首都选举的悖论

巴黎在人口和社会结构上的巨变，这一进程中的人口减少和中产阶级化，注定会对选举结果产生深远的影响。然而，真实的结果并非如人们所预期。在 2001 年，社会党的贝特朗·德拉诺埃当选为巴黎市长，并于 2008 年成功连任。随着另一位社会党人士安娜·伊达尔戈在 2014 年 3 月市政选举中的胜利，左翼地位已然稳固。与此相伴的，是新兴富裕阶层的不断涌入，和底层家庭的逐渐离去。或许，巴黎这一看似悖论的选举现象背后，隐藏着众多复杂交织的原因，使得选举结果自身都扑朔迷离。

巴黎，社会与政治斗争的中心

　　巴黎具有特殊的政治地位。若想在国家舞台上占据一席之地，巴黎是必不可少的关卡。雅克·勒内·希拉克（Jacques René Chirac）正是在巴黎市长的职位上，为其政治声望铺就了坚实的基石。更值得一提的是，1975 年的巴黎基础性政治改革之后，1977

年他成为第一位经普选产生的市长。实际上，巴黎过去的特殊地位无疑也验证了这座城市的象征性价值。自从 1789 年大革命之初建立市政体制以来，中央政权对其首都的戒心就从未消退过。从大革命到恐怖统治，再到 1830 年革命、1848 年革命和巴黎公社，以及其他各种革命性的暴动，包括 1934 年 2 月 6 日的极右翼起义，反对阿尔及利亚战争和反对越南战争的抗议，到 1968 年 5 月风暴和 1995 年 12 月的抗议活动，巴黎历经了太多的震荡和反叛。

这座权力之城，这座奢华之城，同时也是积贫积困之地。大量赤贫农村人口的涌入，形成了如古特多尔这样的贫民街区，这些地方的民众曾为起义队伍筑起街垒和路障。在那个城市迅速扩张到几乎无法掌控的时代，授予其作为市镇的法定选举代表权是不可想象的。巴黎的独特性，也体现在它那种反抗精神和集体精神上，这是这座大都市象征性权力的反面。巴黎公社当时并未获得法国其他地区的支持，公社的失败是巴黎的失败，如果成功，也将是巴黎人民的胜利。

直到两个世纪之后，法国建立起市政体制近 200 年之时，巴黎终于迎来了由市民直选产生的市议会，并从中选出一名市长。巴黎在法国城市中是独一无二的，它既是一个省，又是该省下辖的唯一城市。因此，巴黎有其省政府，甚至设有警察署。巴黎省长和警署署长均由中央政府任命，在公共安全和治安方面拥有重要的职权。也就是说，在首都巴黎，维持公共秩序仍然是中央政府的权力范围。

1982 年的地方分权法案引入了新的调整，将部分中央管理权限让渡给地方政府。自此，巴黎各区也拥有了自己的区议会和区长，其权力和职责与其他市镇的市政府相近。这项改革也适用于里昂和马赛，这两个大城市也被划分为多个区，但不具有省份地位。

左翼在 2001、2008 和 2014 年市政选举中的胜利

自 1983—1995 年的 12 年，右翼凭借其在巴黎所有 20 个区的区议会占据多数席位，堪称"大满贯"，稳坐其首都之王的宝座。在此期间，执掌法国最高权杖的是左翼总统弗朗索瓦·密特朗（François Mitlerrand）。然而，在 1995 年的选举中，其中六个区转向了左翼，而这正好发生在右翼的雅克·勒内·希拉克当选总统之前。这些胜区为第三区、第十区、十一区、十八区、十九区和二十区。除了第三区，其他几个区都成功避免了 1982—1990 年的人口流失。甚至在第二区、第六区、第九区和具有重大象征意义的十六区，左翼的影响力也得到了显著提升，有左翼人士当选为区议会议员。在全市范围内，左翼总共获得了 39% 的选票。尽管如此，

巴黎市政府仍然与中央政府多数派的政治倾向相反。

到了 2001 年，市政府的政治风向发生了逆转，社会党、共产党和绿党的得票率大幅上升，总票数已经接近绝对多数，达到了49.6%。这一票数足以确保左翼在巴黎市议会中占据多数席位，并在 20 个区中的 12 个区占据主导地位。在 1995 年获胜的六个区悉数守住，并新增了市中心的第二区、第四区和第九区，以及南部和东南部外围的十四区、十三区和十二区。尽管从得票数上看，右翼阵营以 318099 票的微弱优势领先于左翼阵营的 313075 票（相差5024 票）。社会党及其同盟的最终胜利，既归功于他们票数的显著增长，也得益于选举法的智慧——它将比例制与多数制巧妙地结合，综合确定每个区在市议会的代表名额，从而给予了在大多数选区占优势的政党更多的机会。由此，贝特朗·德拉诺埃（Bertrand Delanoë）领导的左翼联盟在巴黎市议会的 163 个席位中得到了 92席，成为新的多数派，而剩下的 71 席则落入了反对派之手。

贝特朗·德拉诺埃领导的团队执政七载之后，在 2008 年市政选举的第二轮投票中，左翼创下自 1977 年以来的最佳战绩。在整个巴黎，他们赢得了 57.7% 的选票，但并未在新的行政区占据上风。反观当时新任法国总统尼古拉·萨科齐（Nicolas Sarkozy）所属的人民运动联盟（UMP），该党候选人以 36% 的得票率落败，德拉诺埃成功连任巴黎市长。实际上，与 2001 年相比，左翼主要是在原有的势力范围内进一步扩大了优势，这也解释了为什么左翼占多数的区的数量并没有增加。

那片位于巴黎东部的工人阶级新月形地带，主要是大规模的社会保障性住房建筑群的所在之地，还包括一些名字充满巴黎神话色彩的传统工人街区，如梅尼蒙当、圣安托万郊区，诸如此类。在选举地图上，这弯"新月"正在缓缓向市中心扩展，并形成了一个圆弧形的左翼胜区，在2001年和2008年的两次选举中，都是社会党及其盟友的主要阵地。其中包括了第四区那个多次易主的玛黑区，该地曾历经贵族区、工人区的发展变迁，而现在则是新兴中产阶级的聚居之地（见图5-1）。

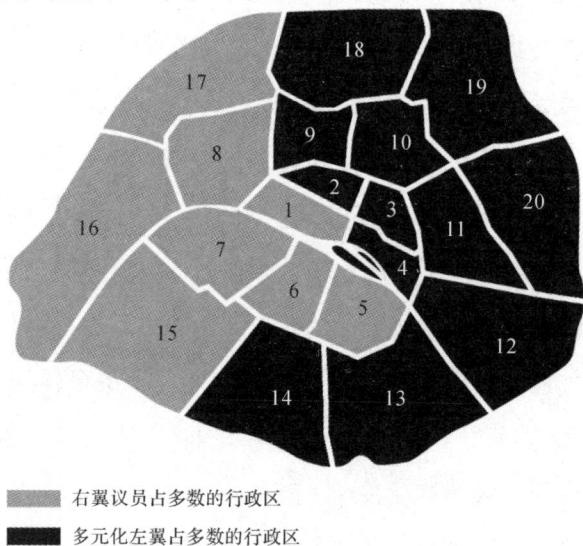

右翼议员占多数的行政区

多元化左翼占多数的行政区

图 5-1　2001 年、2008 年和 2014 年 3 月的三次市政选举

说明：2014 年，巴黎各区在左翼和右翼之间的分布大致保持稳定。唯一的变化是，第九区以微弱的 159 票之差，从左翼转投了右翼。

这些年的选举结果落到地图上，再度勾画出一条历史上长久存在的社会与政治裂痕，即一条将资产阶级西区与工人阶级东区分割开来的界线。事实上，早在 1965—1977 年的巴黎选举分析中人们就得出了这样的结论："左翼的稳固据点从未越过那自北至南，从克里尼昂古尔门到让蒂伊门的分界线。"（Ranger，1977，p.806）即便回溯到 1871 年的选举，这一结论仍然成立："尽管时代更迭，巴黎人口发生了巨大变化，无论左翼和右翼之间的力量如何演变，无论选举的性质和当时的情境如何变化，这种东西部的对立已持续了一个世纪，并在大体上固守着同一条界线。"（Ranger，1977，p.811）在 2014 年的市政选举中，十六区在首轮投票中便以 63% 的选票支持人民运动联盟，而第十区在第二轮投票中为左翼贡献了 66% 的支持率。这只是无数例证中的一个，再一次昭示了西部与东部之间历久弥新的对立之势。

巴黎东区是否真的逃出了首都中产阶级化的包围圈？在某种程度上，这种说法并非毫无根据。因为社会保障性住房的分布与左翼和极左翼的选票分布，二者呈现出相似的轮廓。这种重合更多地反映出，在这些长久以来一直属于工人阶级的城市边缘街区，经济上较为贫弱的人群依然存在，并且一如既往地生活在那些低租金住宅里。尽管他们的存在并不能完全遏制某部分人口的"中产阶级化"，但却明显地放缓了其步伐。

那么，是那些消失的工人和基层雇员们重返巴黎了吗？实则不然。巴士底的自由神如今所守护的，是那些挥毫泼墨、与电脑为伴的新世代创作者，而不再是往昔那些手持长刨与刻刀的木匠和学徒。

回看 2001 年，这种"东西方对峙"局面的回归，以及随之而来的巴黎市政府的领导更迭，产生了轰动一时的社会影响。其实在此之前，这种趋势已初见端倪。例如，1997 年的国民议会选举中，巴黎的 21 个选区中有 9 个位于东部，并且都转向了左翼。到了 1999 年的欧洲议会选举，左翼的版图进一步扩展，覆盖了 20 个行政区中的 14 个，包括 5 个中心区在内。

左翼地位巩固

在 2002 年 6 月的国民议会选举中，巴黎有三个新的选区出人意料地转向了左翼。与此同时，全国的大势却是右翼取得压倒性的胜利，右翼的希拉克刚刚打败了极右翼的勒庞。如此一来，巴黎在国民议会的 21 个席位中，已有 12 个归属左翼，这意味着巴黎在国民议会中的代表权由右翼转向了左翼。2001 年以来形成的左翼在市政府的多数派地位由此得到了进一步巩固。虽然人们乐于将此现象归因于"德拉诺埃魅力效应",但即使这位新市长的影响力不容小觑,事实上,巴黎选民的左倾倾向绝非一股突如其来的海啸,而是在其当选之前就已经逐渐形成。

尽管昔日的工人街区已经走向中产阶级化,但历次选举结果仍再三证明了东西区的两极分化。在 2007 年的总统选举第二轮中,塞戈莱娜·罗亚尔(Ségolène Royal)在巴黎 20 个区中的 11 个区领先于尼古拉·萨科齐,包括第二、三、五、十、十一、十二、十三、十四、十八、十九和二十区,这与先前的左右翼格局几乎一致,仅第四区和第九区稍微倾向于尼古拉·萨科齐。其中,二十区给予社会党候选人罗亚尔的支持最为鼎力,有 64.6% 的选票。与此同时,作为资产阶级代表的尼古拉·萨科齐在十六区获得了 81% 的选票支持。然而,值得注意的是,萨科齐在巴黎的得票率实际上低于他在全国的得票率,分别是 50% 和 53%,在巴黎他只领先对手 3838 票。这是一个前所未有的情况,因为在以往的总统选举中,右翼候选人在巴黎的得票率通常都高于其在法国其他地区的得票率。与此相对应的是,在 2012 年的总统选举中,弗朗索瓦·奥朗德(François Hollande)在巴黎获得了 55.6% 的支持,超过其全国支持率 51.6%。他在巴黎 20 个区中的 13 个区赢得了多数票,分别是第二、三、四、五、九、十(69.3%)、十一(67.7%)、十二、十三(65.2%)、十四、十八(70.3%)、十九(67.6%)和二十区(71.8%)。如果说弗朗索瓦·奥朗德在东部区的得票率明显高于其在巴黎的整体得票率，那么他的竞争对手尼古拉·萨科齐在十六区的得票率高达 78%，在第七区获得了 71.7% 的支持，远超其在巴黎 44.4% 的平均得票率。

在 2012 年 6 月的国民议会选举中，东西对立的格局在巴黎依然存在：西部选区选出了 6 名右翼议员，而东部选区则选出了 12 名左翼议员。

回首近些年的选举，我们不难发现，这已经与 1983 年和 1989 年的右翼"大满贯"局面大相径庭，那时所有的选区都掌握在右翼手中。但自 1995 年以来，这种情况便开始发生改变，左右翼选举力量对比之势的走向，似乎与巴黎社会的变迁存在某种矛盾。

多元化左翼与新兴中产阶级

巴黎的中产阶级化趋势与选举方向的演变并不矛盾。那群被冠以"波希米亚式布尔乔亚"之名的年轻人，其社会职业地位无疑与他们的教育层次和文化深度息息相关。在社会学观念上，他们与巴黎的左翼政界颇为接近。从绿党到共产党，再到主流的社会党，这多元化的左翼队伍，其实深深契合了他们的环保热情、对人权的关注、反种族主义和更加开放的道德观。本质上来说，他们其实是1968年学潮中那群热血青年的现代翻版。

这群年轻的精英，既对工作怀有热情和远大抱负，同时又展现出对往昔岁月的某种怀旧情感。这种情怀，从咖啡馆和餐厅中上演的工人劳动场景中可以看出端倪。或许，这是为了平衡他们占据他人曾居住过的街道和房屋的某种隐约的罪恶感？这些年轻人在坚定地拥护现代价值的同时，也怀有一种可能由亲历1968年风波的长辈所传递下来的怀旧之情。我们可以猜想，这群与巴黎的社会斗争历史或多或少有过交集的年轻人，可能受到历史记忆的驱使，视自己为那段历史的传人。

在当今的左翼阵营中，经济自由主义与文化自由主义的结合引起了共鸣。贝特朗·德拉诺埃就曾公开表示，他是"市场经济中的社会主义者"（Delanoë，2008）。在2005年5月的欧洲宪法投票中，这位社会党市长呼吁巴黎市民投票支持。于是，当时的巴黎又一次与法国的主流声音背道而驰。尽管媒体疯狂宣传投赞成票，但全国近55%的选民依旧投了反对票，而巴黎市民则以超过66%的比例支持一个更加自由的欧洲，在巴黎所有选区中，都是赞成票占多数。巴黎与全国的赞成票比例之间存在着21个百分点的差距：全国为45%，巴黎为66%。不过在第七区和十六区这样的富人区，赞成票的比例超过80%。而在第十区，这一比例降至62%，在十九区和二十区进一步下降到 53% 和 52%。这无疑证实了资产阶级和"波波族"对资本主义体系的深度认同，尤其是在当前这个全球化金融时代。在 2014 年 5 月 25 日的欧洲议会大选中，人民运动联盟以 22% 的得票率位居巴黎首位，再次表明了巴黎人对"新自由主义欧洲"的坚定支持；社会党在巴黎的得票率达到 19%，也超过了其全国得票率；而国民阵线仅为 9%，远远低于其 25% 的全国得票率。

由此可见，当涉及经济体制的问题时，巴黎人毫不犹豫地选择了"新自由主义"，而法国其他地区则是明确予以拒绝。然而，当问题不再是二选一而是交替出现时，左翼依旧赢得了巴黎人的青睐。实际上，这些中产阶级新居民也是雇员，他们与各种社会团体、非政府组织以及非体制左翼关系密切。来自这些选民的投票，可能就是促使巴黎市议会多数派转向左翼的颠覆性力量。

在巴黎东部，左翼市政府的各种措施受到了新居民的强烈赞赏，尤其是在交通政策方面。市政府致力于减少私家车出行，促进公共交通的发展。2006 年开通的有轨电车，到 2014 年已经连接了北部的拉夏贝尔门到西南部的加利格里亚诺桥，途经文森门。而那部署在全城各处的 1700 个"共享单车"停车站和 23500 辆自行车，自投入使用以来也广受好评。

"单车波波族"（vélibobo）这一新词在媒体中频频出现，彰显出这些政策与新居民的绿色出行意识和对创新生活方式的追求是多

巴黎的世界

么契合。值得一提的是，这个自行车共享服务委托给私人集团让 - 克劳德·德科来设计和运营，并未引起太多争议。这与共享电动汽车项目由私人集团博罗雷来运营的情况类似。共享电动汽车项目于 2011 年 12 月启动，到 2013 年已经建立起一个超过 1000 个停泊站、大约 3000 辆电动汽车和近 5000 个充电桩的新网络。

此外，为了给巴黎带来更多的活力和浪漫，市政府在河岸道路上实行了交通限制，以庆祝周末和"巴黎沙滩"活动。2012 年，该活动吸引了 500 万名参与者。同时，公共空间也举办了一系列大型活动，如贾克·朗发起的音乐节，以及 2002 年首次举办的白夜艺术节，在 2012 年吸引了 200 万人参与其中。

其他更具政治性和象征意义的举措，如在巴黎西部的高端居住区内以优先购买权购得建筑来设立社会保障性住房的计划，激起了这些"新兴中产阶级"的强烈关注。而对于那些长久定居于此的真正的资产阶级，他们更是对这一政策感到不安，认为这些乌合之众的到来可能会成为社会不稳定因素。毕竟，那些地方曾经是他们的专属领地，而那些建筑所在的地址的确都是可以跻身赛马俱乐部的上层社会的标志：塞尔维亚彼得一世大街、墨西拿街、马勒舍贝斯大道或者莫扎特大街。

在 2007 年的总统选举中，尼古拉·萨科齐深谙选举之道，明智地选择了位于巴黎第十区的昂吉安街作为他的竞选总部。这条街是巴黎最具代表性的多元文化街区之一，汇聚了来自不同社会阶层、种族和文化背景的人们，是新兴中产阶级的聚集地。萨科齐的这一决策，顺应了自 2001 年以来的选举走向、社会变迁，并凸显了新兴中产阶级在选举中的重要地位。

巴黎的世界

第六章

社会混合的挑战

社会混合已成共识

　　社会混合，是当代城市社会学和城市政策论述中的一个重要概念。政府和法律文件都强烈提倡这一目标，即不同社会阶层的人们能够在同一社区、同一街道或同一楼宇里和谐共处。虽然实现起来颇为困难，但这是一个值得追求的目标。从这个角度看，社会混合的对立概念是社会隔离（Fijalkow，2002）。

　　我们还可以深入思考其他形式的混合，如人口、代际、种族以及跨文化混合。文化和种族的多样性很大程度上受到社会结构的影响。在巴黎，与中产阶级化同时发生的，是人口的年轻化和单人家庭数量的增长。根据 2010 年法国国家统计和经济研究所的数据，年龄在 20 岁以下的巴黎人数量为 438821 人，占总人口的 19%，而在 1999 年这一数字为 388400 人，占总人口的 18.3%。不过，这些比例均低于法国整体的 24.6% 和法兰西岛大区的 26%。年龄在 20—39 岁之间的有 783770 人，他们占巴黎总人口的 34%，这一比例，高于法兰西岛的 29%，以及法国整体的 24.7%。巴黎有 7% 的居民年龄在 75 岁及以上，而法兰西岛为 6.7%，法国整体为 9%。至于种族层面，这与社会经济地位密切相关——工人阶级社区，也是移

巴黎的世界

民比例较高的地方。

玛黑区犹太村的转变和蔷薇街

随着房地产市场的变革和发达社会消费文化的侵入，巴黎的某些特色社区正在失去其原有的民族风貌，文化和宗教信仰的纽带也逐渐减弱。玛黑区的核心地带曾是犹太人的传统聚居地，时至今日，蔷薇街及其附近的小街道依然拥有浓郁的犹太氛围，但都市风格变迁的脚步正在逼近。

那些古老的犹太美食店，曾一度售卖着"巴黎犹太教法庭监制"的比萨，或者涂抹着芝麻酱的炸鹰嘴豆饼，如今已经被时尚的服饰店和鞋店取而代之。圣保罗土耳其浴室已变成了一家大型服装店。一群新一代的设计师已经进驻了蔷薇街的东段，与他们比邻而居的是那些在每个城市的中心商圈都可以找到的大品牌门店。

娱乐业也在此落地生根。同时，一个日益壮大的同性恋社区正在兴起，分布在圣克鲁瓦-德-拉布勒托内里街附近，于是人们纷纷在布尔格-蒂堡街和老圣殿街开设了店铺和咖啡馆。每到周日，那些获准继续营业的时装和家居店吸引了络绎不绝的人潮。有些店铺仍然保留了古老的门面和招牌，比如一家卖鞋的"面包店"。而曾经的理发店，如今已变为艺术画廊；那家肉铺也摇身一变，成为时尚的古着店。

即使是坐落于蔷薇街 7 号的玛黑书店，历经多年的坚守，如今也已沦为一家售卖男士毛衣、夹克和鞋类的商店。这个街区的标志性餐厅，戈登伯格犹太熟食店，尽管仍保留着古色古香的门面，但内部却已被服饰品填满。

蔷薇街，玛黑区的犹太文化发源之地，之所以尚未彻底沦陷于全球商业化的单调浪潮中，得益于几座犹太教堂的存在。这条古老的犹太街道仍是犹太人频频造访之地，同时吸引着来自世界各地的游客。导游们以多种语言，向游客讲述着这片曾经近似贫民窟的街区，如何在岁月变迁中，逐渐积淀起深厚而复杂的历史文化。然而，这一切正逐渐被商业化和追求利润的行为所消弭。

时日更迭，昼夜交替，季节变换，城市的多元性也随之变化。劳动的人们雕刻了都市的肌理，企业和办公场所能改变一个街区的日间面貌。每天，成千上万的工作者都在重塑着这座城市。街区的社会风貌，还与其他诸如休闲、消费、文化生活、健康和体育运动等活动息息相关。这些活动涉及各式各样的服务和设施，不仅需要专业人士的参与，也需要广大的用户和顾客积极响应。

社会混合的问题历久弥新，一直是社会各界关注的焦点。早在 19 世纪末，民选官员在起草创建首批社会保障性住房（当时称为 HBM，廉租房）的法案时，已对此表示担忧，认为这可能导致贫困人口的集中。1973 年，时任法国装备和住房部部长奥利维耶·吉夏尔（d'Oliver Guichard）在通告中首次提出了"混合"的概念。

《社会团结与城市更新法》（SRU）规定，自 2002 年 1 月 1 日起的 20 年内，以下两类市镇的社会保障性住房比例应达到 20%。一是法兰西岛大区内人口在 1500 人以上的市镇；二是法兰西岛大区外 5 万人口以上的城市中，人口在 3500 人以上的市镇。若未达到该比例，将会对市镇处以税收罚款。2012 年 12 月 18 日，该法律经过了修订，将社会保障性住房的比例提高为 25%。在巴黎，贝特朗·德拉诺埃领导的社会党政府，甚至在地方城市规划计划（PLU）正式出台之前，就已经在社会保障性住房比例不足 20% 的地区，对私人房地产项目规定了 25% 的社会住房配额。

让-皮埃尔·热内（Jean-Pierre Jeunet）执导的电影《天使爱美丽》在 2001 年上映后大受欢迎，很大程度上是因为影片呈现了蒙马特高地的阿贝斯社区如梦如幻的社交景象。在那里，各种社会背景、年龄和来处的人们融为一体，在一片和谐的氛围中共同生活。

然而，崇尚社会混合的观点并非毫无争议。尽管其初衷是促进不同社会背景的人们之间的交往和理解，但由于现实中存在的不平等，这种关系往往显得有些不对等。一些社会学研究表明，仅仅是空间上的接近，并非总能缩短心灵的距离，反而可能使日常生活中的隔阂和紧张感加剧，尤其是当这些生活方式不仅各不相同，而且存在明确的社会等级之别时。（Chamboredon 和 Lemaire，1970；Pinçon，1982）

荧幕上的社会混合：爱美丽的奇妙街区

爱美丽·普兰的家在蒙马特高地的半山腰，位于克里希大道和圣心大教堂之间。因为让-皮埃尔·热内执导的《天使爱美丽》大获成功，阿贝斯广场已经成为一个都市传说。其中原因，大概是它与广大观众心中那个可能更多是理想化而非真实的巴黎的形象相契合。在那样一个地方，差异是乐趣的来源，无论是什么社会阶层、年龄或背景，人们都在相互尊重和彼此欣赏中和谐共存。

在巴黎的这一角落，咖啡馆的露天坐席、迂回曲折的小巷、通往山顶的石阶以及开满鲜花的精巧宅院，共同勾勒出了一种纯朴的乡间氛围。阿贝斯广场因其街道的随意布局而显得别有韵味，这里有古老的梧桐树、闲适的长椅、莫里斯广告柱、华莱士饮水喷泉，以及埃克托尔·吉马尔（Hector Guimard）设计的新艺术风格的地铁入口。当圣让蒙马特教堂的钟声响起，这种乡村般的宁静和悠远就更加深邃。

阿贝斯街道上，各色小店铺星罗棋布。家庭主妇或拉着购物车，或手提购物袋，从一家店铺走到另一家。果蔬摊位摆满了街道的角落，甚至蔓延到停车位。与此同时，一些新式的店面也崭露头角，暗示着此地新兴人口的到来。一家家为美食家而开的奶酪和葡萄酒专卖店，以及一间间追求复古风格的咖啡馆，似乎都在迎合那些经济更宽裕、学识更丰富的新一代顾客。

勒皮克街上的"双风车"咖啡馆总是那么受欢迎，人气不减。这是电影里的爱美丽上班的地方，如今成为热门的打卡地，你也不妨在此小坐片刻。走进咖啡馆，映入眼帘的是满墙的电影海报，仿佛置身于电影之中。在这里，你或许会与一对来自美国的情侣或一群日本女孩相邻而坐，共同品味这家咖啡馆的招牌甜品——"爱美丽焦糖布丁"，这也是女主角钟爱的热与冷、软与硬的独特口感组合。

　　电影与街道的魅力在此相遇，在彼此各异的神秘性和多样性的吸引力中错身而过。那些有型有范的年轻人，头发修剪得短短的，与那些身穿印花裙子，被生活磨砺得有些倦怠的家庭主妇们成了邻居。电影与这个街区之间的纽带依然深厚，二者共同勾画出了一个充满社交互动和多元人口融合的巴黎风貌。然而，随着房地产价格的急速攀升，这片街区独特的氛围渐渐受到了威胁。

　　现实与幻想，交织于蒙马特高地。爱美丽的家就坐落在三兄弟街56号，科利尼翁杂货店是她常常光顾的地方。自从电影上映以来，"山丘市场"的一个橱窗里便一直展示着与电影、演员和取景地有关的新闻剪报。而那座著名的"洗衣船之家"，曾是毕加索和其他许多扬名后世的艺术家的故居，其入口就位于爱弥尔·古多广场。《天使爱美丽》所呈现的，正是这样一个奇妙的街区。当然，那里并非处处都是诗和远方，但电影情节却深深扎根于这片充满活力的巴黎角落，扎根于真真实实存在的多元融合（十八区人口构成演变见图 6-1）。

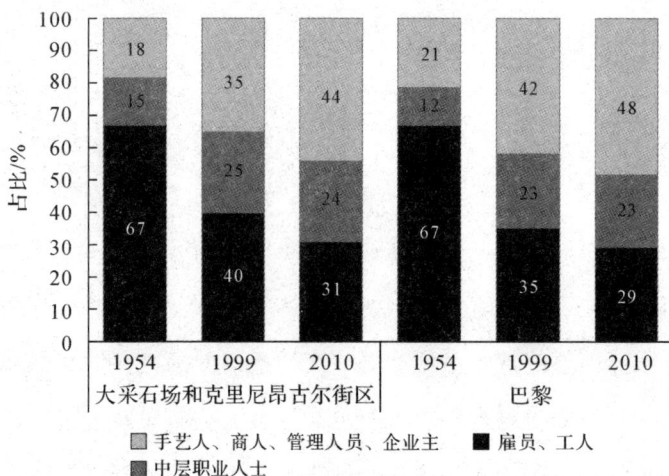

图 6-1　十八区西部劳动人口社会构成的演变
（第 69-70 街区：大采石场和克里尼昂古尔街区）

资料来源：法国国家统计和经济研究所人口普查。

　　社会学家凭借深入的调查研究，敢于剖析并揭露这个往往因学校隔离而被扭曲的社会混合之幻想。然而，在政府机构和政治领域，质疑公共服务中所强调的社会混合的要求却并非易事。"在这些关于权责冲突的讨论中，市长、地产商和地方政府部门都秉持一个现已被普遍接受且达成共识的观点：寻求社会混合，反对空间隔离。然而，他们对社会混合的理解则各有不同。换言之，他们争论的焦点在于何为真正的社会混合，哪种人口组合比例可以促进或阻碍社会混合。对此，他们各有观点，各执己见。"（Tissot，2002，

　　　　　　　　　　　　　　　巴黎的世界

p.302）而社会学的真实情况则更为尖锐直白：当人们有选择的时候，人们更倾向于选择与自己相似的人作为邻居。（Pinçon et Pinçon-Charlot，2003-2）

大资产阶级的内部圈子

作为社会金字塔的顶端，大资产阶级拥有无与伦比的财富积累，其购买力在市场上无可匹敌。当我们在特定的场景中消除某一变量，其他因素的作用往往格外突显。那么，在面对巴黎这样昂贵且稀缺的房地产市场，经济决定因素特别强大时，如果它被置于一边，情况会如何呢？

纵观巴黎高端社交圈的居住模式，社会约束力的强大力量跃然纸上。赛马俱乐部、法国汽车俱乐部、联合盟友俱乐部以及布洛涅森林俱乐部，这些圈子里的家族，皆为社会精英之代表。他们的居所，如同珍贵的宝石，紧密地镶嵌在巴黎这座城市的黄金地段：第七区、第八区、十六区北部和十七区南部，以及讷伊和其他几个西部郊区市镇。

这种集中式的居住模式，在他们的交际活动中起到了至关重要的作用，有助于他们维系一个稳固的关系网络，从而巩固了其主导地位。这种自成一体的环境，有助于为子女提供最优质的教育，并最大限度地降低了不良联姻的风险。

聚集在如此有限的地理空间内，这些家庭为自己营造了一个大资产阶级生活艺术的真正殿堂。高档社区里，遍布的是宽阔的豪华公寓、华丽的私人宅邸，还有各式奢侈品商铺。这些家园宛若一座座私人博物馆，珍藏着各式古董和艺术品。他们的日常社交活动，在某种程度上分享了彼此的财富，使所有人都能时刻沉浸在物质和文化的双重富足之中。

巴黎的高端住宅区，如同社会同质性的镜像，映射出其强大的力量，也揭示了社会隔离的双面性：一方面，它是对异类的隔离与排斥，另一方面，它也是对同类的团结与聚合。两者相互关联，如影随形。（Pinçon et Pinçon-Charlot，2007）

繁华地段的商铺与那里的居民，共同编织着财富的锦绣画卷。这财富，不仅是物质的丰盈，更蕴含着文化、社会和象征的深层意义。顶级时装和珠宝品牌，因其坐落于都市的核心地段，而拥有了独特的象征价值。然而，它们的真正力量，来自在特定地段的聚集，比如奢侈品行业中那些最受瞩目的品牌。今天，巴黎的金三角区，尤其是蒙田大街，已成为顶级时装设计师的首选之地。同样，旺多姆广场是任何顶级珠宝商都无法拒绝的宝地，它位于第一区，距离杜乐丽花园仅一步之遥。在这里，稀世之宝石加以艺术镶嵌，化作独一无二的珠宝艺术品，成为全球亿万富豪的掌中珍藏。

联合盟友俱乐部会员的居住之地

1917 年，联合盟友俱乐部应运而生，其使命是为途经巴黎的高级军官提供下榻之地。战争结束后，它摇身一变成为一家上流社会俱乐部，与众不同的是，其会员中不乏外籍人士。2005 年，该俱乐部的理事会云集了商界巨子、政坛重量级人物和学术界名流，如拉扎德兄弟银行的合伙人米歇尔·戴维-魏尔（Michel David-Weill），法国前总理爱德华·巴拉迪尔（Édouard Balladur），十六区前区长兼前部长皮埃尔-克里斯蒂安·泰坦热（Pierre-Christian Taittiger），以及法兰西学会成员加布里埃尔·代·布罗伊王子（Gabriel de Broglie），他曾任法国广播电台台长以及法国国家音频视听存档机构主席。此外，还有奥利维尔·吉斯卡尔·德斯坦（Olivier Giscard d'Estaing）和爱德华·德·里布（Édouard de Ribes）等知名企业董事。这些杰出人士的住所，无疑都与其崇高的社会地位相得益彰。

他们都选择居住在高档街区，这种居住习惯显然受到社会学决定论的影响，而非他们的财务能力——实际上，他们有能力住在城市中的任何地方。俱乐部成员的住址，折射出巴黎高档社区的变迁。

在 1923 年，一些俱乐部成员仍居住在曾经风雅高贵的第一区，那里一度是高级时装的中心，高定工作室和门店比比皆是，而旺多姆广场至今仍是珠宝商的聚集地。第八区在 1923 年尚属于上流社会聚居区，但随着奢侈品店和企业总部的大量涌入，它的地位逐渐下降，随后十六区和讷伊成为新的焦点。1923—2005 年，第七区逐渐崭露头角，成为与十六区一样备受瞩目的区域（见图 6-2）。

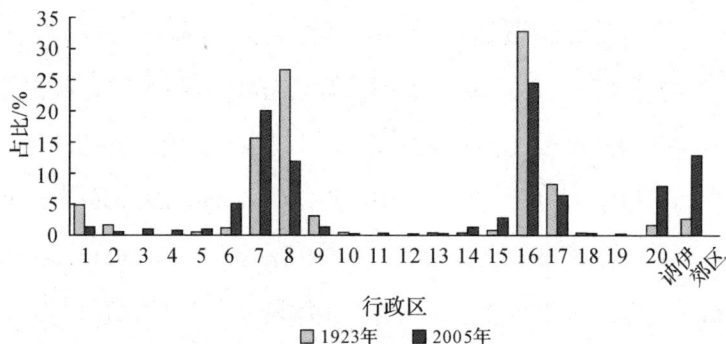

图 6-2　1923—2005 年联合盟友俱乐部成员在法兰西岛的住址变迁

　　无论时光如何更迭，无论地点如何变迁，这群人的社交圈始终保持着一种封闭性。为了满足这一特有的需求，他们创建了一系列专属的社交俱乐部，将自己与外界隔绝。显而易见，他们并不想打破阶层壁垒，在社交圈中实现社会阶层的混合，而是致力于构建一个属于自己的封闭社交体系，延续圈层之内的文化和生活方式。

蒙梭公园周边的家宅博物馆

古老的家具、先辈的画像和那些艺术品依然陈设如旧，一些私人宅邸在慷慨捐赠后成为了博物馆。正如拍卖师所说的"原汁原味"，这些作品曾是昔日富豪家族日常生活的背景。坐落于蒙梭公园附近的卡蒙多·尼西博物馆和雅克马尔·安德烈博物馆即是此类。通过这种捐献方式，那些无继承人的家族遗产得以永久保存。捐赠合同中还会明确规定，受益者须按原样保留房屋和家具，维护逝去家族的完整生活环境。

1912 年，奈莉·雅克马尔（Nélie Jacquemart），已故银行家爱德华·安德烈（Edouard André）的遗孀，将她在奥斯曼大道的私宅和瓦兹省的夏利修道院遗赠给了法兰西学会。然而，学会在经济上的困境，迫使其在 1995 年将这些宏伟府邸的管理权转让给了苏伊士环能集团（GDF-Suez）。这一交易将商业世界引入了艺术殿堂，艺术和金钱从此齐头并进，并通过二者的结盟为"经济自由主义"正名。

卡蒙多家族的府邸也经历了类似的命运，这也是一个没有继承人的犹太银行家家族。正如皮埃尔·阿苏林（Pierre Assouline）的专著标题所示，"最后一位卡蒙多"将家族的住所，这座与蒙梭公园毗邻的宅邸，捐赠给了装饰艺术中央联合会（Assouline，2003）。踏入这座博物馆，犹如穿越时光回到了 18 世纪的贵族府邸，这正是卡蒙多家族渴望在他们的日常生活中重现的宏伟场景。

这些非凡的住所彰显了高雅品位、文化修养与财富之间的紧密关联，居住其中，不知不觉也成为卓越人物。从一家博物馆走到另一家，我们可以深切地感受到这些家族所积累的辉煌财富。而这个圈层内在的紧密联系，保证了每个家族都能共享这些文化瑰宝。

中高层管理人员和知识分子的"住宅正确"

大资产阶级"躲进豪宅成一统"，顽固地坚守其固有的社交小圈子。而选择重新入驻巴黎东部街区的中产阶级，则秉持着"住宅正确"的信条，就如同人们讨论"政治正确"一般。他们并不追求整齐划一的居住环境，而是希望至少在城市中产阶级化初期，还能看到大量工人阶级的存在。

而那些工人阶级社区的老居民，眼睁睁看着社会变迁的浪潮席卷而来，冲刷着街巷的旧貌，带走了他们熟悉的街角小店。而街道和商业风貌的改变，反过来进一步加速了城市转型的步伐。老一辈的居民渐感失落，面对新兴的商店、咖啡馆、潮流服装和生活方式感到无所适从。他们对此无能为力，更倾向于接受开发商或公共规划部门的搬迁安置方案。

然而，这种"住宅正确"在教育上很快显露其困境，尤其是对于那些靠学业成就取得现有社会地位的家庭而言。在古特多尔区，众多中产阶级家庭从小学开始，便将子女送往十八区西部或第九区的学校。他们这么做，一方面是为了确保孩子的学校环境与家庭背景相契合，另一方面是为了满足他们对教育的期望。他们相信，如果孩子在小资产阶级社区的学校里上学，就能够避免那些移民社区的学校所必然存在的问题。因为在那些学校里，大部分学生的家庭文化与学校文化存在着巨大的差异。首先是语言问题，这些学校里的孩子在家中往往使用外语交流。此外，他们可能与学校所倡导的价值观存在偏差，如世俗主义和两性平等。家长对那些以移民子女为主体的学校的担忧，成为中产阶级化进程的一大阻碍。

瘦肉肠和时尚街

位于拉普街的"奥弗涅特产"食品杂货店，是圣安托万郊区这个旧区的新居民的日常光顾之所。这家店是巴士底广场最古老的商铺之一，尽管在1931年曾进行过修缮，但之后一直保持原样。店内出售的所有产品都是从农场直接运来的，品质上乘，口味纯正，深受新居民的喜爱。

然而，肥美的香肠与那些追求纤细体形的人似乎格格不入。为此，店主不得不"走上时尚之路"。如他所言："我制作的是低脂香肠，几乎不含任何脂肪。它的口感更接近干肉而非传统香肠。在制作过程中，我加入了卡奥尔葡萄酒来代替脂肪，因此颜色略显深沉。奶酪也是如此，为了满足市场需求，我开始卖低脂奶酪。可是，地道的奥弗涅人并不买账，他们认为这香肠不像香肠，奶酪也不像奶酪。我理解奥弗涅人的想法，但为了适应这个社区的新需求，我必须做出一些改变。所以我希望能够在跟随潮流的同时，也不失产品的原始特色。"

　　在古特多尔，一条融入时尚元素的大街又一次展现了因历经翻新而渐失旧时风貌的街区情调。加德路上那些新楼的底层商铺，经历了一轮集体改造。旧日的街边商户已移师他处，空荡荡的店铺迎来了新的主人。巴黎市公共住房规划和建设局作为房屋的所有者，与巴黎市政府以及法国成衣行业联合会合作规划了这个项目，将15名年轻的时装设计师安置在1500平方米的空置店铺里。这是个出人意料的创新举措——至少出乎社会学家的意料，却得到了民选官员和社区协会的一致赞同。传统的摩尔人咖啡馆、清真肉铺和布匹商店，如今已变为设计工作室、展示厅和精品店。项目规划者宣称，希望这些新兴的商业活动为受失业困扰的社区年轻人提供更多的工作机会。

　　2001年7月4日，巴黎时尚集团组织了一场新店开业参观活动。

邀请卡上赫然写道："时尚的新地标——古特多尔"，并邀请公众前来领略"巴贝斯的新韵"。活动当天，首家焕然一新的餐厅开门迎客，为参观者免费提供早餐。餐厅内以琳琅满目的书籍为装饰，赋予其名曰"美味阅读"。

随后，参观者踏上人行道，欣赏年轻设计师们别出心裁的创意之作。在场的新闻记者个个身姿轻盈，着装清爽，与那些尽管烈日炎炎仍坚守传统、头戴头巾、身穿长袍的北非女性形成了鲜明的对比。橱窗里的模特身上的服装同样用料甚少，材料之简洁与其价格之高昂，令当地居民惊叹不已。

年轻的设计师们纷纷表示，他们"非常欣赏这个多元种族的环境，这为他们的创作提供了无尽灵感"。另一位则坦言："我喜欢材质之间的混搭，我之所以选择在这里落脚，正是看中了这是一个混合的社区。"

如此创举，可谓对维持社会和种族混合度的一大考验。尽管它现在为社区带来了多样性，但长远来看，或将推动该社区逐渐走向中产阶级化。

居住混合是否真的受欢迎？

对于知识阶层而言，无论是出于子女教育的考虑，还是因为生活方式的差异，他们对居住混合持一定的保留态度。而对于底层民众而言，他们也试图在其居住环境中追求自己的生活方式。社会保障性住房的管理者深知这一点，在低租金住宅中，他们已经发现了内部的分化倾向。1968 年，位于巴黎富人区的那些为数不多的社会住房，其居住者相比住在东部边缘区社会住房里的人群，普遍更为富裕。低租金住房家庭在空间上的收入分布，与总人口的收入分布显得高度相似。到头来，社会保障性住房似乎更加深了居住的同质性，而非改变居住格局。（Pinçon，1976）这一切似乎都在说明，那些收入较低者并不想在他们的居住环境中再次体验他们在职场上所承受的被支配地位。再者，只有当上层人士进入下层社区时，"社会混合"这一术语才被使用。反之，则称之为"贫困化"。

人们对同类圈子的追求，以及不同阶层的空间接近引发的社会紧张，这一切是否意味着社会混合不过是一种精神上的追求，仅供激进人士、民选代表和高级官员在演讲中自我感动？巴黎的例子突显了应该从何种尺度来探讨这一问题：是楼梯间、楼栋、街道、社区，还是整个城市？

贝特朗·德拉诺埃领导的市政府团队一直在为这些问题寻找答

案。巴黎自古至今，一直是社会与经济的角逐舞台。虽然这种斗争往往隐于无声，但当像住房权协会这样的组织或左翼政党介入，试图阻止人口被迫搬迁或在城市改造项目中强制引入社会保障性住房时，这种斗争就会浮出水面。如今，这一议题已经成为公开讨论的焦点。根据主管住房事务的副市长所言，通过在巴黎各区以优先购买权购下整栋楼宇的方式，将社会保障性住房融入巴黎丰富的城市和社会网格中，这是一个必须实现的目标，从而长期维持巴黎社会的混合性。

左翼甚至发起了象征性的致命一击，将社会混合注入了高贵的富人区。他们高调宣称，计划将中低收入者安置于古老而宏伟的奥斯曼建筑中。很快，一些高品质的建筑被改造成了社会保障性住房，而在此之前，这些社区几乎从未接纳过此类住所。

于是，居住在巴黎十六区的夏奈街、莫扎特大道，第七区的让·尼科街，第六区的雷恩街和第八区的华盛顿街的市民，惊异地迎来了一些出人意料的新邻居，或者至少在他们熟悉的生活环境中，看到了不同寻常的改造项目。通过在 2001—2012 年投资兴建的分散在各个区的 61679 套社会保障性住房，市政府明确表达了他们将巴黎的社会结构作为明确的政治目标的决心。截至 2013 年 1 月 1 日，符合《社会团结与城市更新法》规定的社会住房总量达到了 207684 套，占所有居所的 17.9%，相较于 2001 年 1 月 1 日的 13.4% 有一定增长，当时共有 154314 套社会保障性住房。《社会团结与城市更新法》要求自 2000 年 12 月起，法兰西岛大区内人口达到或超过 1500 人的市镇，在 2020 年之前，社会保障性住房要占到至少 20% 的比例。这项法案由装备、住房和运输部部长让-克洛德·盖索（Jean-Claude Gayssot）起草，后于 2012 年 12 月 18 日进行了修订，要求到 2025 年之前，社会保障性住房比例至少要达到 25%。

为了成功执行这一城市更新政策，市政府不得不与私营部门进行合作，如奥古斯特·图阿尔和科格丁这些大型房地产公司。他们共同致力于维护巴黎尚存的社会混合，并根据实际情况进行强化。此外，自 2001 年以来成立的 121 个社区委员会也积极参与其中，作为促进社会混合的合作伙伴，他们负责查找空置房屋并上报其所在街区的各种问题。

自 2001 年以来投入使用的新增社会保障性住房中，有 29.2% 属于市政当局和社会租赁机构收购的私有住宅楼。另外，新建的住房占比为 49.1%，而翻修的则占 21.5%。

尽管为了缓解巴黎东部和西部之间的不平衡，已经付出了不小的努力，但社会保障性住房的分布仍然呈现一个从北到南，穿过东部的新月形地带。巴黎的中心区和西部地区在社会保障性住房方面存在严重不足的情况。

根据巴黎城市规划工作室的统计，截至 2013 年，只有十三、十四、十八、十九和二十区达到或超过了《社会团结与城市更新法》

要求的 20% 的社会保障性住房比例。不出所料，最为富裕的区排名最为靠后：第七区只有 1.3%，第八区为 2.7%，十六区为 3.7%。金字塔顶端的富人高度珍视的内部社交圈与社会保障性住房的存在是不相容的（见表 6-1）。当听说在十六区前欧特伊火车站的铁路荒地上可能会建起低租金住宅楼时，当地居民强烈反对，包括那些住在宽广围墙保护、重重树木掩映、闹中取静的蒙莫朗西别墅区的名流，如文森特·博罗雷（Vincent Bolloré）、泽维尔·尼尔（Xavier Niel）、阿兰·阿弗勒鲁（Alain Afflelou）、阿诺·拉加代尔和卡拉·布吕尼 - 萨科齐（Carla Bruni-Sarkozy）。他们组成了几个团体，反对这一项目，因为他们认为这会侵犯他们所珍视的空间权力。（Pinçon 和 Pinçon-Charlot，2009）

自 2008 年以来，在十六区的法约尔元帅大道 45 号和 47 号，紧邻上层社会学生频繁出入的巴黎多菲纳大学教学楼，就一直悬挂着一张建筑许可证。但越来越多的当地居民提出申诉，他们反对在布洛涅森林对面建造四栋五层高的住宅楼，共计 135 套社会保障性住房的项目。尽管他们所宣之于口的理由都是以保护建筑和景观遗产为名，但他们真正的目的当然是为了维护自己的社区环境。另一个避免了社会混合的是第七区，其顽固态度独占鳌头，只有 399 套社会保障性住房是在这一政策框架下完成的。最近，一些大名鼎鼎的贵族放下了传说中的礼节，他们动员起来抗议在圣多米尼克街和拉图尔·莫布尔大道的拐角处建造 31 套社会保障性住房的计划。

表6-1 符合《社会团结与城市更新法》（SRU）规定的207684套社会保障性住房在各区的分布
情况及其在住所有居所中的占比（2013年1月1日）

行政区	SRU 社会住房数量／套	SRU 社会住房在主要居所中所占份额／%	行政区	SRU 社会住房数量／套	SRU 社会住房在主要居所中所占份额／%
1	848	8.6	11	10502	12.1
2	628	4.8	12	14673	19.5
3	1291	6.2	13	31585	35.2
4	1987	12.0	14	17231	24.1
5	2633	8.1	15	19966	15.9
6	719	3.0	16	3114	3.7
7	399	1.3	17	10631	11.8
8	549	2.7	18	20670	20.0
9	2020	5.9	19	32041	37.3
10	5992	11.7	20	30205	31.2
			巴黎全市	207684	17.9

资料来源：APUR, *L'accès au logement social à Paris*, septembre 2013.

巴黎的世界

他们反对的理由是，现代建筑风格与保存完好的奥斯曼式建筑格格不入。

在巴黎的那些华美街区，社会保障性住房的出现可能会给普通人带来深刻的心理和社会冲击。在分配中，委员会特意优先考虑了那些在十六区或第七区已居住多年的普通家庭，意在缓解他们与这些富人社区的生活鸿沟。在这些高档街区的楼宇中，你会发现人们的朴实装扮与周围的华丽环境形成强烈的对比。一边是来自 Ed 杂货店或 G20 超市的简朴塑料袋，另一边则是手工精良的皮质公文包或路易威登的奢华手袋。

这种混居所带来的社会学影响，恰如双刃之剑。身体距离的接近，可能会放大差异与不平等。如 1998—2000 年，十六区的名校詹森·德萨伊中学与瓦尔德瓦兹省古桑维尔的罗曼 - 罗兰公立学校的交流项目，即为此证。那些来自郊区工薪阶层的学子，从詹森·德萨伊高中返回后，被同学嘲为"肮脏的富二代"。这般的敌意，加上地理及社会距离带来的不适，导致此交流项目早早终止。（Cluzel 和 Hubin，1999）

然而，身体距离的接近也可能孕育出积极的影响。与出身上层社会的同学接触，或能为某些背景普通的学子带来前所未有的激励和启示，助其踏上成功之路，尽管这样的案例极为罕见。

正因社会混合可能带来两极化的反应，故应在多个层面上进行尝试和探索。从楼宇到街道，再到整个社区，甚至扩展至整个城市。

在巴黎，居住地的空间位置是如此重要，而且是由不断打破纪录的房地产市场决定的。因此，坚定地实施社会保障性住房政策显得尤为关键，这是对抗市场法则，防止城市完全为富人所独占，避免经济弱势群体被放逐的唯一途径。

每一种不平等都在塑造社会的阶级格局，并助其实现自我复制。城市亦是如此，通过每个个体在城市空间中的具体位置，深化了他们在社会中的角色定位。由此形成的权力结构，通过其引导下的住所分配得到了进一步巩固。尽管我们无法彻底改变这个造就不平等的社会制度，但巴黎市政府已经设定了一个目标，"确保巴黎城区至少 20% 的社会保障性住房比例，以维护社会的混合性"，以此来遏制中产阶级化对巴黎工人街区的持续蚕食，保护这座首都不被完全吞噬（见图 6-3）。

巴黎的世界

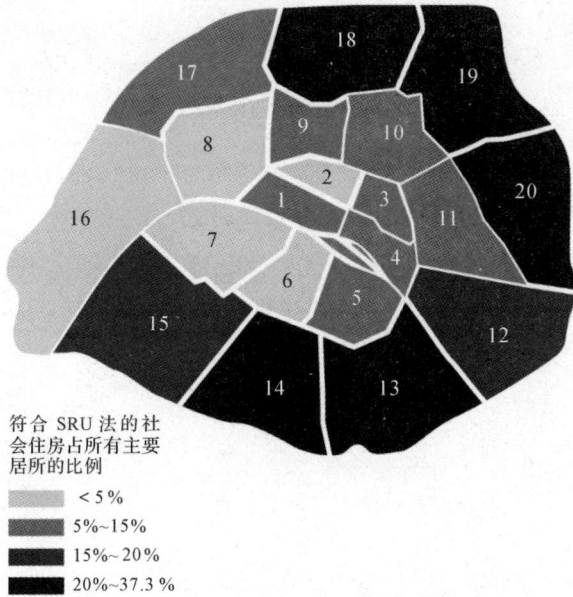

图 6-3　巴黎的社会保障性住房分布（至 2012 年 1 月 1 日）

资料来源：APUR, *L'accès au logement social à Paris*, septembre 2013.

第七章

巴黎与郊区的一体化

巴黎与其郊区之间的关系颇为微妙。两者之间既存在深刻的断裂，又有着同样深刻的连续性。这种断裂从城市的形态中可见一斑，它是历史的烙印。作为一座历史悠久的都市，巴黎曾经有多重的城墙，如今的一条条林荫大道仍然勾勒着这些城墙的脉络。距今最近的梯也尔城墙，仍然清晰地标定着城市的边界，不仅是地理边界，而且是行政边界，它将巴黎与其周边地区完全分隔开来。

城墙与禁区

1860 年，新筑成的梯也尔城墙确立了首都的新边界，将周边许多村落纳入其中。此后，巴黎的边界基本定型，仅后来加入的布洛涅森林和文森森林，以及从伊西莱穆利诺划入的一片军事操练场（后来改建为直升机场），这几处略有调整。

这道"坚实的堡垒"，成为工人阶级家庭周末野餐和午睡的好去处。从高高的城墙上，可以一览无余地俯瞰一个庞大的环状贫民区，它坐落在为确保火炮射击视线而在城墙外划定的禁建区之上。这片宽达 250 米的"禁区"在当时的巴黎人眼中带有特定的情感色彩，它允许那些战时可被拆除的临时性建筑存在，于是形成了这样一片棚户区。这里居住着各色各样的边缘人，有拾荒者、小手艺人，甚至包括家具作坊主和勤奋的工厂主，他们在这里找到了居住和工作之所，虽然环境条件并不理想，但至少能够躲过巴黎已然高昂的房价（见图 7-1）。

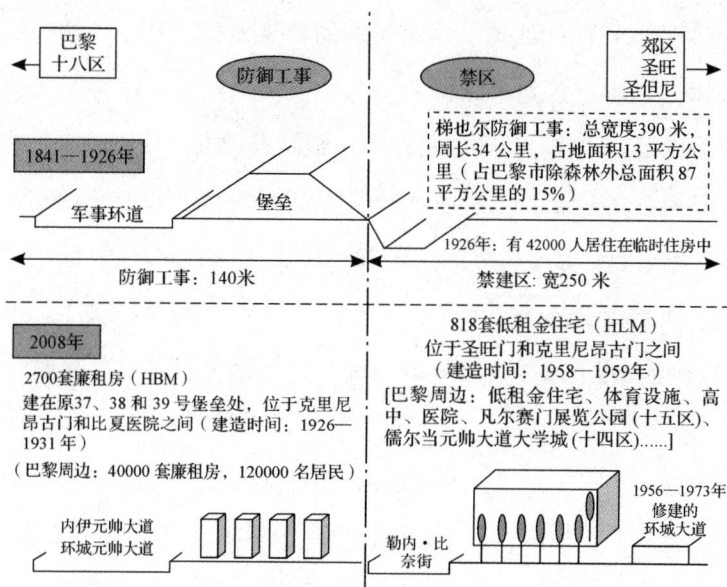

图 7-1　梯也尔城墙及其克里尼昂古尔门的空间利用

根据 1926 年塞纳河畔总督的调查，禁建区内居住着约 42000 名居民。其中不乏声名狼藉之辈，包括"阿帕切强盗"、皮条客和形形色色的地痞流氓。尽管这些人生活在社会的边缘，但某种夸张和浪漫化的描绘，让他们在这些铁皮、木板和焦油帆布搭建的简陋住所中的生活颇具诗意之感。

第一次世界大战结束后，住房危机日趋严重。梯也尔城墙被认为过时而不再有用，这一结论经过长时间的辩论得出，因为城墙的拆除将意味着入城税的完全终结，从而导致城市财政收入减少。1919 年的一项法律取消了这道城墙的特殊地位，允许其被拆除，为民用建筑腾出空间。1926 年，另一项法律出台，将禁建区划为可建设区域。很快，巴黎市将这片土地纳入版图，城市的边界扩展到了禁建区的边缘。这片环状地带的周长为 34 公里，宽 390 米，其中 140 米是堡垒、沟壕和内环道，而另外 250 米是禁建区。这片土地占地 13 平方公里，而当时巴黎的总面积为 87 平方公里。梯也尔城墙腾出的土地成为巴黎的一片广阔土地储备，占其总面积的 15%。

当时，当局制订了一个环形绿化带的计划。然而，一些反对声音认为此举只会加剧首都与其郊区之间的隔离。无论如何，这片腾出的土地最终还是被逐步开发，各种设施应运而生，仅社会保障性住房就占据了 1/5 的土地。儒尔当元帅大道上的大学城和凡尔赛门的展览中心均在此地，另有医院、运动场地、体育馆、高中等。公共道路，包括在原军事环道上扩建的元帅大道和 1973 年通车的环城大道，连同一些休闲步道和广场，共同覆盖了 40% 的土地。

从克里尼昂古尔门到拉夏贝尔门：徒步穿越者的勇敢之路

踏出地铁，映入眼帘的即是围绕巴黎的小环线铁路的轨道凹槽，这条铁路大致沿着元帅大道内侧蜿蜒而行。出城的道路于此被阻断，行人唯有绕行，寻找跨线桥或地下通道。接下来便是以帝国元帅之名命名的内伊元帅大道，穿越这道宽阔如高速公路的大道绝非易事。

在克里尼昂古尔门大街 7 号，矗立着一片由巴黎市公共住房规划和建设局建成的庞大住宅群，其中包含 2700 套社会保障性住房，建于 1926—1931 年。这个密集的建筑群，是环绕巴黎的外围建筑的典型代表，和巴黎四周的其他建筑一起，在元帅大道和近郊之间形成了一堵壮观的墙。

当时，这些廉租房（HBM）为曾居住于破旧小屋的穷人家庭带来了显著的住房条件改善。这些建筑的结构和布局反映了一个健康的设计理念：开放的庭院和花园不仅确保了充足的自然光线，还为居民提供了友好交往的场所和孩子们的玩乐空间。如今，那些曾在这片郊区拥有产权住房的技术工人和雇员，已为低技能劳动者家庭所取代，这些家庭往往具有外国背景。此类社会保障性住房，包括廉租房和低租金住宅，总共建成了大约 4 万套，构成了一个约有

12 万人口的真正的环形城市。

　　而在这些建筑物的对面，比奈街的另一边，曾经的禁建区如今被一系列的体育设施所占据，这成为前往郊区的另一道障碍。1958—1959 年在克里尼昂古尔门和圣旺门之间建成的 818 套低租金住宅（HLM），与传统的社会住房有着截然不同的设计。这些高层公寓犹如一根根孤立的水泥棍高耸入云，突兀地矗立在城市之中，在周围环境中显得格格不入。

　　沿着蒙马特门大街继续前行，眼前出现了那条包围城市的环城大道，这是最大的一道屏障，也是一道终极屏障，将城市与其郊区完全分隔开来。我们从一座桥下穿过，那里是每逢周末清晨六点钟就熙熙攘攘的"早市"，也就是著名的跳蚤市场的序章。那些曾在此地生活的拾荒者如今的后继者们，在此展示他们简陋的宝藏。一些专业的古董商偶尔会光顾于此，希望能够寻到难得的珍品。但真正的顾客，多是那些贫困之人，他们在这里寻找一些还能穿的衣物或是还能用的收音机。这里，就是圣旺跳蚤市场，也是郊区的起点。

　　克里尼昂古尔门的东部呈现出一种更为激烈的风貌。行走在内伊元帅大道上，我们经由一条令人生畏的地下通道，从连接巴黎北站的铁轨下方穿过，抵达拉夏贝尔门。往郊区方向望去，环境顿显空旷，仿佛无人居住。一台"世界医生"的车辆停在那里，分发注射器和避孕套，让人深感这片地方的孤立和边缘化。在连接元帅大道、环城大道和北部高速的拉夏贝尔门立交桥处，一个小公园隐藏在桥下的阴影中，那里只有几条空无一人的长凳和顽强生长的植物。在这片钢铁与混凝土构建的世界里，行人仿佛成为异类，这里的主宰是那些快速移动的机械车辆。经历了这一趟城市边缘的探险之后，拉夏贝尔门和那里的地铁站显得亲切而熟悉，就像一个安全港湾。

巴黎与其郊区之间的断裂，无疑具有深刻的社会学影响。郊区成为被社会放逐者的避难所。正如伯纳德·马尔尚所言，"从奥斯曼时代开始，郊区就呈现出其独特之处：这里是一群贫穷的城市居民——习惯于城市生活但却身无分文的人——被赶出之后的归宿。这是一个既不完全属于城市又不太像乡村的地方，它拥有一种与城市文化不同，但又与之并行而相悖的文化。现今，城市与其郊区之间仍然存在的紧张关系，其实是奥斯曼遗留下来的遗产"。（Marchand，1993，pp.101-102）

环城大道——城市的屏障

巴黎的环城大道如同城市的护城河，清晰地标示着巴黎与郊区的分界。这条道路的修建，在一定程度上反映了 1964 年的行政和政策决议，该决议撤销了塞纳和塞纳 - 瓦兹两个省份。巴黎自此成为一个单独的省，而原属塞纳省的其他市镇，与原属塞纳 - 瓦兹省的一些市镇，共同构成了与巴黎接壤的三个新省份，也就是所谓的近郊省份（上塞纳省、塞纳 - 圣但尼省和马恩河谷省）。而原塞纳 - 瓦兹省的其余市镇，在面积上占了绝大部分，被划分为三个远郊省份（伊夫林省、埃松省和瓦兹河谷省），同为远郊省份的还有一个塞纳 - 马恩省，其边界保持不变。尽管原塞纳省与都市区域大体一致，但贝克库什（P. Beckouche）指出，这一决策"进一步加深了巴黎与郊区之间的鸿沟，因为这些新省份是为了绕过左翼势力而量身定制的，尤其是两个省份中的共产党"。（Beckouche，2004）

　　这条城市高速在物质层面和象征层面都具有显著的重要性，引起了广泛的争论。贝特朗·德拉诺埃领导下的市政府一直致力于通过巴黎大型城市更新计划（GPRU），实现在巴黎和其周边建立紧密联系的愿景。由元帅大道和环城大道所界定的这个环带，"这个被边缘化，曾经遭到破坏的地区，由于其特殊的地理位置，成为未来几年巴黎城区和巴黎都市圈中心地带最具发展潜力的地区之一。目前，环城大道周边已聚居了超过 70 万人口，而大量的土地仍有待开发。这就是为什么这片土地长久以来被视为边缘之地或无名之地，如今已成为众多沿线市镇政府关注的焦点的原因。这片区域，曾是两个世界的分界线，如今正逐渐演变为一个充满活力的项目区

域，也就是'大都市的心腹大道'"，巴黎的两位副市长如此描述。（Caffet 和 Mansat，2003）

然而，这条环城大道具有双重身份。在东部和北部，它穿越了贫民区，如刀锋一般切入城市；而在西部，它变得宁静、隐秘，有时人们甚至不经意间就走了过去。（Pinçon et Pinçon-Charlot，2007）自 2001 年以来，这条城市高速的多个路段已被建筑物覆盖，如在南部的旺沃门，或在东部的利拉斯门。这些举措的核心目标是使巴黎城区与其郊区之间的联系更为流畅，并逐步实现巴黎大都会和大巴黎的构想。

郊区的巴黎地址诱惑

巴黎与其郊区之间的连续性，不仅是政府的目标，更是许多位于城墙之外的企业的追求。

在 20 世纪 60 年代，由于巴黎大学的重组，新成立的大学虽然坐落在城外，但仍然对首都不能割舍，因此得名巴黎八大、巴黎十大和巴黎十三大，尽管校址实际上位于圣但尼、楠泰尔和维尔塔纳斯。巴黎十一大和巴黎十二大则位于奥赛。虽然这些大学已不再属于巴黎学区，而是归属于凡尔赛或克雷泰伊学区，但因其与拉丁区和索邦的深厚历史渊源，如果用郊区名字命名，将显得声名黯淡。同理，迪士尼乐园最终还是选择了"巴黎迪士尼"这个名字，而不是最初的"欧洲迪士尼"。

　　巴黎地址的诱惑，就如同顶级葡萄酒的产区划界，精确到每一米。蒙鲁日市为了让一座新建的办公大楼享有巴黎城区的高贵地址，甚至不惜割让了一小块领土。此建筑坐落于亨利·吉诺大街与环城大道侧路的交界处，入口面向巴黎。大楼北侧的路边人行道原被一分为二，北半部属于巴黎，而南半部归蒙鲁日所有。为了确保新办公楼能以巴黎地址注册，蒙鲁日放弃了这部分土地。伊西莱穆利诺则是巧妙地利用了巴黎伸出环城大道外的一只脚。这块土地原本是1954年被巴黎吞并的一块军事操练场，后来成为一个直升机场。于是，接壤的街道上建起了一栋栋办公楼，它们所临的路边人行道有一部分位于巴黎。其中，位于皮埃尔·阿维亚上校街的 TDF 电信大楼最为引人注目。（Beltrando 和 Härtlein，2003，p. 144）

　　在让蒂伊门，郊区和巴黎城区的地址交织得密不可分。马扎格兰广场上，停泊着一艘引人瞩目的巨轮，那是建筑师亨利·戈丹（Henri Gaudin）为益普索市场研究公司（IPSOS）设计的大楼。这栋建筑一半属于首都，一半属于邻近的市镇，但却是一个十足的巴黎地址。可以预见，随着大巴黎都市区的建设，这种策略将逐渐过时。届时，"巴黎"这个标签将扩展至近郊的三个省，对这一象征符号的争夺自然不会再那么激烈。

巴黎与郊区：城市密度的断崖

纵观巴黎及其郊区，一个城市密度的断崖跃然纸上。这种差异，首先体现在城市的空间形态上。跨过环城大道的无人之地，建筑和人口的密度骤然下降。巴黎的平均密度高达 25700 人 / 平方公里，而某些位于十一区或十八区的街区，更是达到了惊人的 100000 人 / 平方公里。在巴黎之外，只有少数几个离巴黎最近的市镇，勒瓦卢瓦 - 佩雷（26817）、勒普雷 - 圣热尔韦（25821）、文森（25740）和圣芒代（24232），其人口密度超过了 20000 人 / 平方公里的门槛。而在距离巴黎稍远的地方，人口密度则在 5000 ～ 8000 人 / 平方公里之间。在远郊区域，密度更是低得多。

人口的这种分布差异与住宅类型高度相关，在巴黎，独栋住宅非常稀少。如果不考虑大片未建设的土地（如国家铁路公司、绿地等），巴黎的人口密度几乎与公寓楼和独立住宅的分布完全吻合。

巴黎与郊区：房地产价格的断层

在巴黎与其近郊之间，房地产价格时而一脉相承，但更多时候存在明显的断层。讷伊之于巴黎，犹如一片红叶之于秋林，其房价与巴黎的延续性尤为明显，因此得名为巴黎的"二十一区"。此地旧住宅的均价为每平方米 8740 欧元，与相邻的十六区的 9070 欧元相当。反观东部和北部，近郊的价格则显著低于与其相邻的城区价格。例如，十九区的均价为每平方米6700欧元，但到了圣但尼则降至2250欧元。不过，只要有绿意之处，即使位于东部，价格也会与巴黎接轨，十二区均价为7910欧元，文森则为6910欧元。文森森林与布洛涅森林一样，都起到了分隔的作用，但不同之处在于，文森因其位于东部，并不吸引巴黎的上层阶级，更多地吸引着资产稍显不足的新兴中产阶级。

总体而言，环城大道之外的近郊房价部分延续了巴黎的房价，但对于那些以工薪阶层为主的郊区市镇来说，内外的价格差异依然巨大。巴黎仿佛是沙漠中的高地，居高临下，俯瞰着周围的景致。那些与巴黎北部、东部和南部接壤的市镇，如蒙特勒伊和伊夫里，正经历着因其更为亲民的房价而引发的中产阶级化浪潮。

环城大道外精心设计的中产阶级化

沿着塞纳河左岸的开发脉络，越过法国国家图书馆和马塞纳大道，我们来到了塞纳河畔伊夫里。沿着河流行进，昔日的老工厂、工人住宅和港口货仓逐渐展现在眼前。在码头与通往奥斯特利茨火车站的铁轨之间，出乎意料地出现了一片建筑群，名为"贝尔托工厂"，以其开发商皮埃尔·贝尔托（Pierre Berteau）的名字命名。他将此地的瓦尔蒂埃粮仓、施耐德工厂和优诺工厂巧妙地改造成了一片开放式阁楼，专门供艺术家和文化人士在此居住。

这些建筑被精心围合，并加强了安全措施，主要是为了吸引那些希望在家中工作的专业人士。在一栋被重新命名为"猎鹰人"的建筑中，目前居住着一位平面设计师、一位音乐家、一位画家和一位建筑师。其中，这位平面设计师和他的妻子，一位雕塑家兼装饰师，住在一套135平方米的庭院式公寓中，而他们的工作室则设于楼上。

贝尔托工厂的业主和承租人共同组成了一个房地产合伙公司。在新买家不符合期望时，他们有权通过优先购买权阻止房产的交易，从而确保居民之间的和谐相处。此举明显类似于大资产阶级为维持上层圈子的封闭性而采用的互荐制度。

在贝尔托工厂，社群生活的重要性不言而喻。公共空间的维护由所有人共同分担。在温暖的季节，人们每月都会在花园里举行一次集体晚宴，以增进彼此之间的亲密关系。与大资产阶级一样，居民之间的凝聚力更多基于他们在生活方式和思想观念上的一致性，而不是各自职业背景的多样性。不过，"在这里，我们80%都是社会主义者"，这与巴黎的西部迥然不同。尽管如此，依然有一些孩子在阿尔萨斯学校就读，这是首都最具精英色彩的学校之一。

伊夫里港口的工厂，经过皮埃尔·贝尔托的巧手，得到了第二次生命。改造后的工厂容纳了数十套阁楼套房，这些套房使用相同的材料：铝制结构作为围栏，特制地板供人往来，庭院则绿意盎然，竹子、薄荷和垂柳随风摇曳。

整个翻新项目保留了原有工业建筑的结构和外观。其内部设计则融入了巴黎那些时尚街区的典型元素，同时巧妙地展示了工业历史的遗迹。那些附有"G lot 20"和"F lot 16"等工业标识的搪瓷板也被保留下来，作为新公寓的独特门牌。然而，如果附近有一家仍在运营的工厂洒下金属尘埃，飘落到这些艺术家的餐桌或画架上，他们会毫不犹豫地组成协会，抵制这种不合时宜的污染。这种反应是可以理解的，但也确实加速了这些受到中产阶级化影响的街区的转型。

巴黎在郊区：飞地

郊区的社会保障性住房

巴黎通过飞地延伸到了郊区，这些飞地满足了大城市向外寻找空间建立永久性设施的需求。社会保障性住房就是一个典型例子：在巴黎城区，可供开发的土地十分有限。截至 2006 年，巴黎市政府及其公租房代理在市界之外管理的社会保障性住房有 21188 套。

巴黎的世界

（Lemoine，2006）当时，这些住房占到了首都符合《社会团结与城市更新法》规定的社会住房总量的 10% 以上。其中，超过半数位于六个郊区市镇，主要集中在东南部的瓦尔德马恩省。西部几乎没有，只有在伊夫林省的拉塞勒 - 圣克卢才略显规模。

其他飞地

除了社会保障性住房，巴黎在周边地区还拥有诸多地盘与设施，如各类体育场馆、儿童活动中心等。整个城市的水源供应依赖于完善的渠道网络，而城中绿意盎然的公园和花园，则离不开苗圃基地的默默支持。垃圾处理厂多设于郊区，其中一座位于伊夫里，从环城大道上能一眼望见。1940 年启用的阿谢尔污水处理中心，和后续投入使用的其他污水处理站，逐步替代了原先的污水散播区，这片区域位于塞纳河和瓦兹河之间，曾涵盖了从热讷维耶到大采石场的广大地域。

1969 年，市中心的菜市场（即中央市场）迁移到巴黎 - 兰日斯的国家利益市场。该市场占地逾 230 公顷，另加 400 公顷的附属设施，包括一座火车站、仓库、食品工厂、实验室等，横跨兰日斯、蒂艾及舍维伊拉吕三个市镇。这片占地 6 平方公里的土地相当于巴黎市区总面积的 7%，显然，郊区的土地对于这座人口密集的大都会而言，具有不可忽视的重要性。

在巴黎延伸至郊外的无数领地中，最为人知晓的当属墓地。这些墓地大小各异，占地面积从 2 公顷到 107 公顷不等，总面积高达 267 公顷。而相比之下，巴黎市内的墓地面积显得相对局限。最大的拉雪兹神父公墓仅有 44 公顷；蒙帕纳斯公墓紧随其后，占地 19 公顷；而位于郊区市镇庞坦和蒂艾的公墓则分别有 107 公顷和 103 公顷。曾有一时，奥斯曼筹划在瓦兹河畔的梅里布置一片占地 500 公顷的大型公墓，并计划修筑铁路与首都相连，但因成本过高而作罢。

这段关于巴黎在城墙之外的飞地与设施简述，虽不尽完善，但足以体现巴黎这座首都被梯也尔城墙所限，空间之狭窄。

巴黎拓展至周边郊区，将其贫民和逝者迁移到市政府所管理的社会保障性住房和墓地之中。然而，每一天，郊区的脉动又重新流入巴黎，筑起阳光下的都市，待到黄昏时刻又离去，将这座城市加以解构，塑造出另一座月下之城。此时，空间的意境发生转变，奥斯曼风格的办公大楼逐渐空荡，而古老的巴黎街道，拉普街和梅尼蒙当街，又变得热闹非凡，如同往日的歌曲重新唱响。夜幕下，社会的脉搏以不同的方式刻画着这些空间。

城市与郊区之间的互动，就如同太阳升起和落下的过程，有序而自然。城市随着人流的潮汐而膨胀和收缩，颠覆着统计的图谱，改变着街道和社区的氛围。作为这个都市圈的核心，巴黎离不开其郊区，正如心脏离不开身体的滋养。穿梭于二者之间的多重流动，

巴黎的世界

随着时刻和年代而变化方向。

巴黎的喷泉之水流过庞大的渠道网络，穿越了郊区的山谷，都市的消费残渣被抛弃在城墙之外，巴黎的逝者在郊区找到了他们永恒的家。这都展示了城市与其后方土地之间不可分割的关系，而这种互补关系始于环城大道之外。

蒂艾公墓：巴黎的马赛克拼图

与拉雪兹神父公墓或蒙帕纳斯公墓不同，蒂艾的巴黎公墓并未设有名人的墓碑名单和导览图，让人们在无数的无名逝者中快速找到知名人士的安眠之所。在这里，来访者需要自行探索，根据宗教信仰找到相应的分区，寻找那些远离了"光明之城"的名人墓地。

贫富差距，始终如一地造就了社会的隔离，墓地也概莫能外。在蒂艾公墓，那些居无定所的灵魂终于找到了他们的栖身之地：墓地免费提供给无家可归者和无依无靠的老人。然而，这短暂的安宁并非永恒，政府的慷慨仅限于五年。之后，他们将被迁至骨灰堂，那里才是真正的永恒安息地。2014 年 5 月 1 日，巴黎市区墓地的 10 年使用权价格为 785 欧元，而永久使用权的费用高达 14682 欧元，几乎是前者的 19 倍。相比之下，庞坦公墓和蒂艾公墓的费用要低得多：10 年使用权为 214 欧元，永久使用权为 3660 欧元。在价格上，郊区仅为首都的 1/4。毋庸置疑，即使人在离世后，财富的差距也会导致终极的隔离。

在蒂艾公墓，那些无依无靠、无亲无故的孤独之魂的墓碑，昭示了一些巴黎人深重的孤独。这些一模一样的白色墓碑，由巴黎市政府出资并维护，最多只有一个简单的铭牌，上面记录着逝者的名字，除非他在离世时带走了自己的身份秘密。2003 年 8 月的酷暑夺走了很多贫困老人的生命，从这个夏天新立的墓碑数量就可见一斑。

这种对贫穷者的剥夺，连他们的安息之地也未能幸免。与此形成鲜明对比的是巴黎的华人墓地，那里的纪念碑宛如古老的宝塔，朝向东方日出之地。这些墓碑通常饰有金色的铭文，上面摆满了供品。在这片墓地里，不同文化背景的亡者各得其所，墓碑和装饰品揭示了他们的身份。

巴黎那令人瞩目的社会和种族多样性，在这些墓地中得到了体现。仿佛在这片安宁之地，所有元素都和谐地融合在一起，巴黎的多元文化拼图得以完美呈现。

大巴黎计划

随着城市的壮大，古老的城墙和防御工事逐渐被岁月淹没。曾经的郊外村庄，如贝尔维尔和帕西，已经融入了巴黎的怀抱，成为其著名的地标，而它们过去的独立地位则淡入远古的记忆。因此，扩展巴黎的边界，将新区域纳入首都的构想并非首创。但如今，环城大道和梯也尔城墙已成为拓展计划的障碍。

自 2001 年起，在市长贝特朗·德拉诺埃和副市长皮埃尔·曼萨特（Pierre Mansat）的推动下，巴黎市政府启动了一系列措施，旨在加强首都与近郊之间的交通联系。一条电车线路已经从南部的加利格里亚诺桥延伸至北部的拉夏贝尔门，大致沿着元帅大道环绕巴黎。一些城门的重新规划，以及南部和东部环城大道部分路段的覆盖工程，也正在如火如荼地展开。

2006 年，都市区会议组织"巴黎大都会"成立。这个非正式组织旨在促进大巴黎都市圈内的经济发展、住房和交通政策的共同化，以缓解空间维度上的社会不平等，并增强税务合作。然而，这一努力在面临政治分歧时陷入了困境，这些分歧源于两个群体之间的对立，一方支持全球化市场经济，他们希望将社会和经济问题放在国际竞争和国际影响的框架内解决；另一方则希望通过减少城市和社会隔离，确保城市的和谐和可持续发展，构建未来的大巴黎。

这种分歧，也与深层的地域性不平等和繁复的行政架构紧密相关，隐含着难以调和的矛盾。制度之繁冗，从市镇政府、市镇之间、各省份直至法兰西岛大区，每一级行政机构都有其独立的责任和任务。按照《地方公共行动与都市确认法》的规定，巴黎大都会计划将于 2016 年 1 月 1 日启动，届时将囊括法兰西岛大区 56% 的人口，涵盖巴黎、上塞纳省、塞纳 - 圣但尼省和瓦尔德马恩省。其主要关注点将是住房和城市规划。

此外，尼古拉·萨科齐在其首个五年任期之初提出的大巴黎计划，与法兰西岛大区及巴黎大都会计划之间存在着竞争关系。这种竞争通过各种制度化的手段和专家团队加以渲染，意图制造一种思想上的迷雾，以掩盖社会各阶层之间的支配关系，从而使空间上的不平等长期存在。新兴的都市圈，如里尔、里昂和马赛，其管理模式将更加偏向于技术官僚制，基于指派而非民选。新自由主义的治理模式，在于激起各大都市圈的竞逐，以吸引投资者，满足效益管理的需求。最终，这种统治策略意在打破全境内的共和国平等原则，而推崇一个由地区和都市圈构成的新欧洲，反对一个由民族国家、省份和市镇构成的传统欧洲。

结语

在巴黎这座城市，社会的各种对立面犹如调色板上的对比色，清晰地反映在城市的空间布局中。这座城市有着明确的边界，其规模适中，足以让人一览无余。从富有的资本家到辛勤的移民劳工，从年轻有为的毕业生到年迈孤独的老者，所有的社会阶层和各种地域、种族和背景的人皆汇聚于此。在其喧嚣封闭的环城大道之内，巴黎犹如法国社会的一个缩影。

城市空间按照不同的利用价值、社会背景和社会地位完成了分级，如此泾渭分明，以至于城市的外围边界和内部的分区边界，更像是从一个社会圈层过渡到另一个社会圈层的门户。

都市空间的有序布局，在社交的习得与个体内在定位的塑造上具有不可估量的影响。人们于城市中漫游，为家庭的教诲和学校的启迪添上了深厚的一笔。大街小巷仿佛一本打开的书，每个人都能感知到其中的亲密、异同、疏离与不均。巴黎对其市民、工作者及游客，呈现出他们在社会版图中的定位。巴黎之生活，乃是城市中客观化的社会结构与社会成员之间持续互动的产物。社会化的脉搏，无论在狭窄街角还是体态语言，均无所不在。巴黎人，不论土生土长或是他乡来客，都深受其城市之熏陶，同时也在不断地塑造它。这种特质不单单是首都独有，其独特的空间与人文结构使得其生活更显多元，更具代表性。当外省人指责巴黎人的高傲和所谓的"巴黎主义"时，其背后，是否更多的是在批判这种由于不同的地域和社会差异同时出现而带来的过度不平等？

所以，我们不能仅以晦涩而冰冷的技术语言和官方术语来诠释这座都市。巴黎乃是一个网络繁复的关系和等级体系，错综复杂而又井然有序，是展现冲突与对话的完美舞台。

参考文献 [①]

Agrikoliansky E., Heurtaux J. et Le Grignon B. (dir.), Paris en campagne. Les élections municipales de mars 2008 dans deux arrondissements parisiens, Paris, Éditions du Croquant, 2011.

APUR (Atelier parisien d'urbanisme), « Base de données sociales sur Paris. Fiches d'identité sociale des 20 arrondissements, 2012 », Paris, octobre 2013.

APUR (Atelier parisien d'urbanisme), « Les Densités résidentielles à Paris et dans quelques grandes villes françaises et étrangères », JeanMarie A., 1987.

APUR (Atelier parisien d'urbanisme), « Paris s'embourgeoise de plus en plus » et « Les jeunes adultes toujours aussi nombreux à Paris », in INSEE-IAURIF, Esponda M., 2002, tome Ⅲ .

APUR (Atelier parisien d'urbanisme), « La Population étrangère à

---

① 有关巴黎的著述不计其数。在此，我们仅列举了最常引用的文献，以及一些我们视为必读的参考资料。文中引用的非专门关于巴黎的著作后面都带有＊标记。

Paris », Esponda M. et Valdant D., octobre 2002.

APUR (Atelier parisien d'urbanisme), « L'économie et l'emploi à Paris. Éléments de diagnostic », Les Cahiers du PLU de Paris, Davezies L., n o 3, décembre 2002, Mairie de Paris.

APUR (Atelier parisien d'urbanisme), « Population, logement, emploi. Résultats de l'exploitation globale 2009 et chiffres de population 2010 », mars 2013.

APUR (Atelier parisien d'urbanisme), « Le parc de logements familiaux gérés par les bailleurs sociaux à Paris », septembre 2013.

APUR (Atelier parisien d'urbanisme), « Population active, emploi, chômage. Les ressources humaines d'une capitale économique », novembre 2013.

APUR (Atelier parisien d'urbanisme), « Métropole du Grand Paris : une population en progression », note no 67, février 2014.

Assouline P., Le Dernier des Camondo, Gallimard, « Folio », Paris, 2003.

Bastié J., Géographie du Grand Paris, Masson, Paris, 1984.

Beckouche P., « Les relations Paris-banlieue à l'ère des régions urbaines », in Michaud Y., 2004.

Beltrando Y. et Härtlein R., « Une ville s'affiche », in Tomato, 2003.

Brooks D., Les Bobos, LGF, « Le Livre de Poche », Paris, 2002*.

Caffet J.-P. et Mansat P., « Un nouveau territoire de projets au cœur de l'agglomération », in Tomato, 2003.

Chalvon-Demersay S., Le Triangle du XIVe : des nouveaux habitants dans un vieux quartier de Paris, Éditions de la Maison des sciences de l'Homme, Paris, 1984. Chamboredon J.-C. et Lemaire M., « Proximité spatiale et distance sociale », Revue française de sociologie, XI -1, janvier-mars 1970*.

Chemla G., « Les ventres de Paris : géographie de l'alimentation à Paris », in Michaud Y., 2004.

Chevalier L., Classes laborieuses et classes dangereuses à Paris pendant la première moitié du XIXe siècle, LGF, « Le Livre de Poche », Paris, 1978.

Chevalier L., Les Parisiens, Hachette, « Pluriel », Paris, 1967.

Chombart de Lauwe P.-H. (dir.), Paris et l'agglomération parisienne. L'espace social dans une grande cité, Presses universitaires de France, Paris, 1952.

Clerval A., Paris sans le peuple. La gentrification de la capitale, Paris, La Découverte, 2013.

Cluzel Y. et Hubin A.-M., Vive le lycée ! Un proviseur répond à une mère d'élève, Albin Michel, Paris, 1999.

Cohen J.-L. et Lortie A., Des fortifs au périf. Paris, les seuils de la ville, Picard, Paris, 1992.

Crespelle J.-P., La Vie quotidienne à Montmartre au temps de Picasso. 1900-1910, Hachette Littératures, Paris, 1978.

Delanoë B., De l'audace !, Robert Laffont, Paris, 2008.

Desrosières A. et Thévenot L., Les Catégories socioprofessionnelles, La Découverte, « Repères », Paris, 2002*.

Espaces et sociétés, « La gentrification urbaine », no 1-2, 2008.

Favier J., Paris, deux mille ans d'histoire, Fayard, Paris, 1997.

Fierro A., Histoire et dictionnaire de Paris, Robert Laffont, « Bouquins », Paris, 1996. Fijalkow Y., Sociologie de la ville, La Découverte, « Repères », Paris, 2002*.

Fourcaut A., Bellanger E. et Flomeau M., Paris/banlieues, conflits et solidarités, Créaphis, Paris, 2007.

Garnier J.-P., Une violence éminemment contemporaine. Essais sur la ville, la petite bourgeoisie intellectuelle et l'effacement des classes populaires, Marseille, Agone, 2010.

Hazan É., L'Invention de Paris, Seuil, Paris, 2002.

Hillairet J., Connaissance du vieux Paris. Rive droite, rive gauche, les îles et le village, Paris, Rivages, 1993.

INSEE, IAURIF, Atlas des Franciliens (tome I : Territoire et population; tome II : Logement ; tome III : Population et modes de vie),

Paris, 2002.

Jean-Marie A., « Paris, ville de riches ? Les évolutions de la sociologie parisienne », in Michaud Y., 2004.

Jocelyn P., Les éditeurs multimédia français, 1997-2000, ministère de la Culture, Paris, 2002*.

Lemoine B. (dir.), Paris en Île-de-France, histoires communes, Éditions du Pavillon de l'Arsenal, Éditions A. & J. Picard, Paris, 2006.

Lévy J.-P., article « Gentrification », Dictionnaire de l'habitat et du logement, Armand Colin, Paris, 2002.

Loyer F., Paris XIXe siècle. L'immeuble et la rue, Hazan, Paris, 1994.

Marchand B., Paris, histoire d'une ville. XIXe -XXe siècle, Seuil, Paris, 1993.

Menger P.-M., « L'hégémonie parisienne. Économie et politique de la gravitation artistique », Annales ESC, novembre-décembre 1993, no 6.

Mercier L. S., Le Tableau de Paris (1781-1788), anthologie choisie et présentée par Jeffrey Kaplow, La Découverte, Paris, 1998.

Michaud Y. (dir.) Paris, Odile Jacob, « Université de tous les savoirs », Paris, 2004.

Ministère de l'Économie et des Finances, Annuaire statistique 2006, accessible sur le site impots.gouv.fr.

Ministère de la Culture et de la Communication, DEP, L'Emploi culturel en région d'après le recensement de 1999, avril 2004*.

Monjaret A. (dir.), « Le Paris des ethnologues. Des lieux, des hommes », Ethnologie française, no 3, juillet 2012.

Pinçon M., Les HLM, structure sociale de la population logée. Agglomération de Paris, 1968, CSU, Paris, 1976.

Pinçon M., Cohabiter. Groupes sociaux et modes de vie dans une cité HLM, Plan Construction, Paris, 1982*.

Pinçon M. et Pinçon-Charlot M., Quartiers bourgeois, quartiers d'affaires, Payot, Paris, 1992.

Pinçon M. et Pinçon-Charlot M., Les Rothschild. Une famille bien ordonnée, La Dispute, Paris, 1998.

Pinçon M. et Pinçon-Charlot M., « Des beaux quartiers aux châteaux, l'excellence résidentielle », in Édition du centenaire, Le Bottin Mondain, 1903-2003, Société du Bottin Mondain, Paris, 2003-1.

Pinçon M. et Pinçon-Charlot M., Les Ghettos du Gotha. Comment la bourgeoisie défend ses espaces, Points, Paris, 2010.

Pinçon M. et Pinçon-Charlot M., Paris, quinze promenades sociologiques, Paris, Petite bibliothèque Payot, 2013.

Pinçon-Charlot M., Préteceille E. et Rendu P., Ségrégation urbaine. Classes sociales et équipements collectifs en région parisienne,

Anthropos, Paris, 1986.

Préteceille E., « Division sociale et inégalités urbaines », Paris Projet, n o 34-35, octobre 2003.

Ranger J., « Droite et gauche dans les élections à Paris : le partage d'un territoire », Revue française de science politique, vol. 27, n o 6, décembre 1977.

Rouleau B., Villages et faubourgs de l'ancien Paris. Histoire d'un espace public, Paris, Seuil, 1985.

Seys B., « De l'ancien code à la nouvelle nomenclature des catégories socioprofessionnelles », Économie et statistique, n o 171-172, novembre-décembre 1984*.

Tardieu M., Les Bretons de Paris. De 1900 à nos jours, Éditions du Rocher, Paris, 2003.

Tissot S., L'État et les quartiers. Genèse d'une catégorie de l'action publique, Seuil, Paris, 2007*.

Tomato Architectes, Paris, la ville du périphérique, Éditions du Moniteur, Paris, 2003.

Tomato Architectes, « La ville à trois vitesses, gentrification, relégation, périurbanisation », Esprit, mars-avril 2004.

Topalov Ch. (dir.), L'Aventure des mots de la ville, Paris, Robert Laffont, 2010*.

Zola É., La Curée (1872), Gallimard, « Folio classique », Paris, 1981.